Ellen Vande Visse

Der spirituelle GARTEN
Wie Naturgeister uns helfen

Aus dem Amerikanischen von Anja Schmidtke

////////////////////// SILBERSCHNUR //////////////////////

Titel der Originalausgabe: »Ask Mother Nature. A Conscious Gardener's Guide.«
Copyright der Originalausgabe © Ellen Vande Visse, 2009
First published by Findhorn Press, Findhorn, Scotland

Alle Rechte vorbehalten. Außer zum Zwecke kurzer Zitate für Buchrezensionen darf kein Teil dieses Buches ohne schriftliche Genehmigung durch den Verlag nachproduziert, als Daten gespeichert oder in irgendeiner Form oder durch irgendein anderes Medium verwendet bzw. in einer anderen Form der Bindung oder mit einem anderen Titelblatt als dem der Erstveröffentlichung in Umlauf gebracht werden. Auch Wiederverkäufern darf es nicht zu anderen Bedingungen als diesen weitergegeben werden.

Copyright © 2010 der deutschen Ausgabe Verlag »Die Silberschnur« GmbH

ISBN 978-3-89845-353-0

1. Auflage 2012

Übersetzung: Anja Schmidtke
Illustrationen: Damian Keenan
Gestaltung & Satz: XPresentation, Güllesheim
Umschlaggestaltung unter Verwendung verschiedener Motive aus: www.fotolia.com
Druck: Finidr, s.r.o. Cesky Tesin

Verlag »Die Silberschnur« GmbH · Steinstraße 1 · D-56593 Güllesheim
www.silberschnur.de · E-Mail: info@silberschnur.de

Ellen Vande Visse

Der spirituelle Garten

Inhalt

Eröffnungsgebet 11

Angriff der Maden! 13
Erster Kontakt 17
Näheres Kennenlernen: Nennt mich Charlie 21
Fangpflanzen 27
Pendeleien im Garten 32
Die Kunst des Fallenstellens 35
Brokkoli: Wir bekämpfen Krebs 38

Dünger: Der Brokkoli empfiehlt mir ein Tabu 41
Dünger: Welcher soll es sein? 47
Dünger: Rückstände in Baumwolle 56
Dünger: Blutvergießen ... in meinem Garten? 61
Kunstdünger: Geht Granulat in Ordnung? 66

Kompostieren: Asche als Zusatz? 68
Devas und Naturgeister: Ein Who's who 73
Kompostieren: Wann ist der Kompost wirklich reif? .. 79
Kompostieren: Kalken oder nicht kalken? 83

Kompost verteilen: Wie kann ich meinen Vorrat strecken? . 87
Kompost verteilen: Wann? 91
Ein Rückzugsort für Naturgeister 95
Möhren: Perfektes Timing in Alaska 97

WETTER

Wetter vorhersagen: Gibt es einen Insider-Trick? 100
Wetter vorhersagen: Vulkanisches Gärtnern 102
Wetter vorhersagen: Und dieses Jahr? 105
Wetter vorhersagen: Was ist da los? 107
Stutzen und Ausdünnen:
Meinungsverschiedenheiten und Unwissen 111
Bäume fällen 120

ZWIEBELN

Zwiebeln – Runde 1: Krabbelgetier in Knollen 125
Zwiebeln – Runde 2 128
Zwiebeln – Runde 3 131
Zwiebeln – Runde 4 133
Zwiebeln. Wie geht's, wie steht's? 136
Zwiebeln – Runde 5 138
Zwiebeln – Runde 6 144
Mutter Erde lehrt mich Prävention:
Umgang mit Schädlingen, Unkraut und Krankheiten 147
Salat: Ich wurde eingeschleimt! 151
Regentanz 156
An wen wenden? 158

NACKTSCHNECKEN

Nacktschnecken: Die Invasion 160

Nacktschnecken: Der Tag danach. Die Abmachung 166

Nacktschnecken: Ein Name und ein magisches Rezept ... 170

Nacktschnecken: Redet eigentlich sonst
noch jemand mit euch? 173

Nacktschnecken: Grenzen und Abwehrmittel 174

Nacktschnecken: Ein abgekartetes Spiel 177

Nacktschnecken: Präventionstherapie mit Asche 180

Nacktschnecken: Bier und gründliche Inspektionen 182

Nacktschnecken: Sex und andere Spielereien 186

Nacktschnecken: Gespräche auf Falkisch 188

Nacktschnecken: Was soll ich verraten, Robert? 192

Nacktschnecken: Funktioniert die Geburtenkontrolle? 196

Vogelmiere 199

QUECKEN

Quecken: Ehrliche Geständnisse 203

Quecken: Begegnung mit dem Widersacher 207

Ein Blumenkohlrätsel 211

Ernten und aufräumen: Rühr mich nicht an! 214

Rote Bete: Überwinterung 221

Soll ich Unterricht über Devas geben? 224

"Leb wohl, mein Garten!" -
Abschied von meinen unsichtbaren Freunden 228

NACHWORT

Nachwort 232

ANLAGEN

Anlagen zum Thema ökologische,
nachhaltige Anbaumethoden 234

Anlage 1. Umgang mit Schädlingen 234

Anlage 2. Bodendüngung im nachhaltigen Gartenbau 238

Anlage 3. Das Energiereinigungsritual – Zusammenfassung ... 242

Anlage 4. Ernten: Rede, bevor du rupfst! 243

Danksagung 245

Literaturverzeichnis 247

Über die Autorin 249

Überblick über Good Earth Gardens

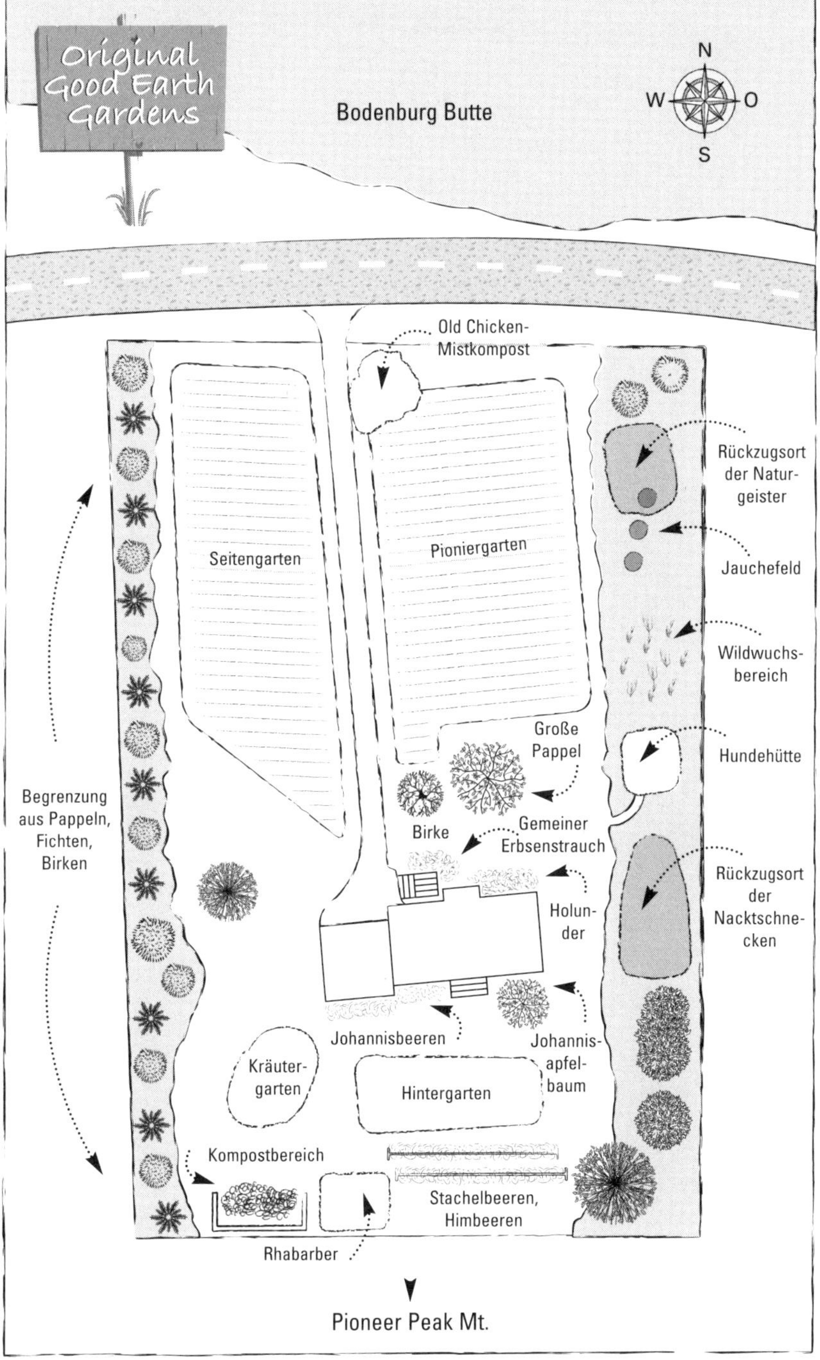

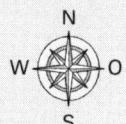

Eröffnungsgebet

Ich hoffe und bete:

*Möge das Folgende Sie dazu inspirieren,
mit den großartigen Wesen der Natur zu sprechen,
zusammenzuarbeiten und zu schöpfen.*

*Mögen meine Geschichten dazu beitragen,
dass Sie freundlicher und harmonischer mit den anderen
Lebensformen auf diesem Planeten zusammenleben.*

*Mögen meine Erfahrungen eine praktische Hilfe für Sie sein,
um bewusste Kooperation in Ihrem Alltag zu leben.*

*Mögen diese Erzählungen Sie dazu inspirieren,
sich einzustimmen und spirituelle Führung zu erhalten.*

*Möge dieses Buch Ihnen helfen, sich tiefer mit Ihrer Seele
zu verbinden und wieder ein Band mit der Seele
von Mutter Natur zu knüpfen.*

*Mögen diese Schilderungen zu dem Wissen beitragen,
das uns Menschen hilft, uns wieder auf unsere
innere Göttlichkeit und unsere heiligen Bande mit dem
Reich der Devas und der Elementarwesen zu besinnen.*

Angriff der Maden!

Ich betrete das Brokkolibeet und kratze mir den Kopf. Wie kann das sein? Ich könnte schwören, dass der Brokkoli letzte Woche noch größer war. Habe ich Halluzinationen? Warum sollten Pflanzen schrumpfen? Ich inspiziere die Blumenkohlabschnitte – auch hier das gleiche Bild.

Jeden Morgen kehre ich zurück, um mir die Sache anzusehen. Die Setzlinge schrumpfen WIRKLCH, statt zu wachsen. In ganzen Beeten sind die Brokkoli- und Blumenkohlpflanzen von 15 auf sieben Zentimeter verkümmert. Sie sind schlaff und haben eine kränkliche lila Farbe angenommen. Meine beiden lukrativsten Pflanzen machen sich in Windeseile vom Acker.

Ich ziehe ein paar Pflanzen heraus. Was? Keine Wurzeln? Wo sind sie? Schließlich erwische ich eine mit ein paar Wurzelresten. An ihnen wimmelt es von lebendigen weißen Reiskörnern.

Ich befrage erfahrene Gärtner und erfahre, dass es sich bei den Übeltätern um Kohlmaden handelt. Welcher Art? Ob Maden der Rüben-, Kohl- oder Wurzelfliege, sie sehen sich alle ähnlich und haben sich darauf spezialisiert, ganzen Wurzelsystemen aus der Familie der Kohlgewächse den Garaus zu machen. Ironischerweise sind die Pflanzen, die hier in Alaskas kühlem Klima gut gedeihen, auch genau die Pflanzen, die besonders empfindlich sind: Blumenkohl, Brokkoli, Kohl, Rosenkohl, Kohlrabi und Radieschen.

Experten erklären mir, dass die Maden sich noch im Larvenstadium befinden. Wie sind sie hierhergekommen? Im ausgewachsenen Zustand, als Fliegen, wissen sie genau, wo sie sich am besten vermehren können. Als ich vor ein paar Wochen mal nicht hingeschaut habe, haben die heimtückischen Fliegen anscheinend meine Brokkoli- und Blumenkohlbabys entdeckt und dort ihre winzigen Eier gelegt. Schnell sind die Larven geschlüpft und haben sich zum Wurzelwerk hinuntergewunden, wo ich sie jetzt vorfinde, wie sie clever ihre Mission im Untergrund erfüllen. Es sind gefräßige Gangs weißer Larven, die ich hier aufgespürt habe. Sind sie etwa auch in allen meinen anderen Kohlgewächsen (*Brassica*) oder in den Kreuzblütlern zugange?

Die Maden inhalieren meine Reihen zarter Setzlinge wie unterirdische Staubsauger. Und meinen Gewinn ziehen sie gleich mit in den Keller. Ich bin auf diese Kohlpflanzen angewiesen, sie bringen mich durch den kalten Winter Alaskas, sowohl was unser eigenes Essen angeht als auch unser Einkommen aus dem Verkauf der Überschüsse. Die Maden fressen mir buchstäblich die Haare vom Kopf.

Ich bin verzweifelt. "Mach es wie ich", rät mir mein Nachbar. "Bevor du pflanzt, bestreu den Boden mit dem Pestizid Diazinon. Funktioniert immer." Auf dem Merkblatt des *Cooperative Extension Service* steht, ich könne als Rettungsmaßnahme direkt das Insektizid Lorsban oder Dursban (Chlorpyrifos) sprühen, aber meine Kunden erwarten ausschließlich Bio-Gemüse. Und bei der Geschwindigkeit werde ich bald überhaupt kein Gemüse mehr haben. Wie kann ich die unersättliche Population wurzelverschlingender Maden stoppen?

Ich habe keine Ahnung. Alles ist gerade neu für mich - Kohlmaden, die Anbaubedingungen in Alaska und der gewerbsmäßige Gemüseanbau.

Nichts in meinem bisherigen Leben in Michigan hat mich hierauf vorbereitet. Meine Ausbildung habe ich in Biologie/Ökologie gemacht. Ich habe als Fachberaterin in der Umweltbildung gearbeitet und Schülern und Lehrern beigebracht, umweltbewusster zu werden und sich zurück auf die Natur zu besinnen. Nach elf Jahren wuchs dann in mir ein heftiges Verlangen nach Alaska – mehr wilde Natur und mehr Skilanglauf. Ich zog nach Anchorage und schlug mich die ersten beiden Jahre rastlos mit Gelegenheitsjobs durch. Dann schenkte mir eine Freundin eine Ausgabe von *Der Findhorn-Garten*. Mir stellten sich die Nackenhaare auf.

Ich musste unbedingt diesen Ort in Schottland sehen, wo Menschen sich bei Naturgeistern Tipps für ihren Garten holten, wohin Menschen pilgerten, um gigantisches Gemüse in windgepeitschtem Dünensand und blühende Rosen im Schnee zu bestaunen.

Die Mitbegründerin Dorothy Maclean, las ich, kommunizierte mit der Seele der Erde, der Kräuter und der Insekten. Sie zapfte das engelartige Bewusstsein hinter jeder Ausdrucksform der Natur an. Diese großen geistigen Wesen nannte sie Devas, sie erteilten ihr praktische Ratschläge. Sie sagten ihr, wann sie Setzlinge pflanzen und wie sie düngen sollte. Als Schädlinge überhandnahmen, baten Dorothy und andere aus der Findhorn-Gruppe die Devas irgendwie, bei der Schädigung des Gemüses einen Gang runterzuschalten. Es war reine Kooperation und Kommunikation.

Ich ließ alles stehen und liegen und flog nach Schottland, um diese Findhorn-Gemeinschaft mit eigenen Augen zu sehen. Dorothy lebte nicht mehr dort, und das Gemüse hatte sich wieder zur normalen Größe herabgelassen, nachdem es klargemacht hatte, dass die menschliche Gesinnung sein Wachstum beeinflusst. Aber ich war völlig fasziniert von der Friedlichkeit dieses Ortes und der überwältigenden Ertragsfähigkeit der Gärten. Mich überkam eine Leidenschaft, die die kontrollierte Ordnung meines wissenschaftlichen Denkens einfach hinwegfegte. Spontan rief ich aus: "Ich lechze nach Erde. Ich will Felder bestellen. Ich will Gärten bewirtschaften, so wie man es in Findhorn macht!"

Zurück in Alaska schloss ich mich sofort mit zwei anderen Einwanderern zusammen, Fay Wilder und Jim Strohmer, ehemalige Kollegen aus der Umweltbildung in Michigan. Gemeinsam kauften wir ein Haus mit fast 0,8 Hektar Land in der Nähe von Palmer im fruchtbaren *Matanuska Valley*. Wir pflügten die ausgedehnte Wiese um, und ich begann zu pflanzen.

Und nun befinde ich mich also hier in *Good Earth Gardens* und stehe bereits nach wenigen Wochen Bewirtschaftung vor meiner ersten Krise. Ich habe keine Ahnung, was ich gegen brokkolibefallende Kohlmaden machen soll. Findhorn hat mich inspiriert, aber es hat mir keine praktischen Tipps gegeben, wie man mit Naturwesen tatsächlich kommuniziert.

Ich überlege, wie ich das Ganze angehen soll. Wie kann ich mich mit der Natur zusammentun? Soll ich beten? Ökologische Mittel anwenden? Oder den Rat befolgen, der in dem neuesten Buch steht, das ich geschenkt bekommen habe? In *Behaving as If the God in All Things Mattered* schildert die Autorin Machaelle Small Wright, wie sie einem bestimmten Schädling klipp und klar sagt, dass der nur die erste Pflanze in jeder Reihe für sich beanspruchen darf. Hört sich gut an. Kein Mord und Totschlag. Einfach Grenzen setzen, was die Schädlinge vertilgen dürfen.

Ich stiefele los in den Garten, um es zu versuchen.

Erster Kontakt

Ich umrunde die Brokkoli- und Blumenkohlbeete. Mit erhobener Stimme bitte ich die Kohlmaden um ihre Aufmerksamkeit. Wo ich schon mal dabei bin, schließe ich direkt auch die Erdraupen mit ein – nur für den Fall, dass auch sie noch zum Problem für mich werden. Ich verkünde den Devas der beiden Insektenarten, dass sie nur die erste Pflanze in jeder Reihe für sich beanspruchen dürfen. Herzlichen Dank auch!

Jeden Tag eile ich hinaus, um zu sehen, wie sich die Sache entwickelt. Aber was ist das? Ich finde NOCH MEHR Opfer der Kohlmaden. Außerdem sind die toten und sterbenden Kohlpflanzen auffallend NICHT die ersten in jeder Reihe. Ich zähle weiter täglich die Todesopfer und finde ständig neuen verkümmerten, kränklichen Brokkoli und Blumenkohl. Anfang Juni sind immer mehr Reihen verwüstet. Nur sehr wenige gesunde Pflanzen haben überlebt. Grrr! Die Höhe des Schadens ist einfach inakzeptabel.

Hat mich der Deva der Kohlmaden nicht gehört? Wollen die Insektenlarven nicht mit mir kooperieren? Ich drohe damit, niemals mehr Brokkoli und Blumenkohl anzupflanzen. Ich dachte, ich hätte Frau Wrights Technik korrekt angewendet. Es hätte funktionieren müssen.

Ich bin ratlos. Warum hatte meine Ankündigung keinen Erfolg? Welche Sprache sprechen diese Larven? Ich fühle mich, als würde ich versuchen, mit sonderbaren Gestalten in einem fremden Land zu kommunizieren. Aber im Buch *Behaving as If the God in All Things Mattered* wurde ausdrücklich gesagt, jeder könne solche Gespräche führen und Erfolge erzielen.

In unserer kurzen Vegetationsperiode haben wir nun schon den 10. Juni, und die Kohlmaden wüten immer noch. Ich erkenne, dass ich Unterstützung anwerben muss. Meine Leidenschaft übersteigt meine Angst, dass man mich für verrückt halten könnte, und wagemutig rekrutiere ich meinen Mitbewohner Jim Strohmer gemeinsam mit Shawn Knudeson, die hier gerade zu Besuch ist. Offenbar lässt unsere Freundschaft es zu, dass sie mitmachen. Sie scheinen es nicht merkwürdig zu finden, mit einer wurzelfressenden Made zu plaudern. Wahrscheinlich zweifle ich selbst mehr an mir, als Jim und Shawn es tun.

Zunächst erkläre ich ihnen mein Dilemma. Ich erzähle ihnen meine ganze Geschichte und wie enttäuscht ich über meinen Misserfolg bin. "War das eine Bitte oder ein Befehl, was du den Kohlmaden gesagt hast?", fragt Jim. Ich fange an zu stottern. Jim bohrt weiter: "Hast du ein wechselseitiges Gespräch mit ihnen angefangen?"

"Eher nicht", gebe ich zu. "Ich habe ihnen mitgeteilt, was ich will. Ich habe einfach erwartet, dass sie damit einverstanden sind."

"Weist Machaelle Small Wright in ihrem Buch nicht darauf hin, dass man Insekten als gleichwertige Mitglieder einer anderen Zivilisation behandeln sollte?", gibt Shawn zu bedenken.

"Okay", sage ich skeptisch. "Ich habe mich wohl als überlegener Mensch präsentiert, dem es nur um Profit geht."

"Und sie haben dich ignoriert."

"Völlig."

Wir lachen.

Wir drei setzen uns auf den Wohnzimmerboden. Mein Brustkorb wird enger, meine Achseln werden feucht. Leise

Spannung liegt in der Luft, während Jim und Shawn mich erwartungsvoll anblicken. Zweifelnd und verzagt schlage ich vor, einfach mit einer Anrufung zu beginnen.

"Deva der Kohlmaden, die meinen Kohl fressen", sage ich vorsichtig, "dürfen wir drei Menschen in bewussten Kontakt mit dir treten?" Ich warte betreten, unsicher, ob dieser Deva sich zu uns gesellen will.

"Zunächst einmal", fahre ich fort, "könntest du uns bitte eine Vorstellung davon geben, wie du als Deva beschaffen bist?"

Meine schweigenden Freunde müssen eine klare Verbindung bekommen haben. Beide beginnen Eindrücke zu schildern, die in ihnen entstehen. Shawn nimmt die Persönlichkeit der Kohlmaden wahr. Sie hört sie mit einem Ho-ho-ho lachen. Sie fühlt, dass diese Wesen unerschütterlich sind und eine tief verwurzelte Liebe zur Erde hegen. Gleichzeitig wird ihr klar, dass das Kohlmadenbewusstsein verärgert ist. Dieser Deva mag es nicht, als "Schädling" bezeichnet und verfolgt zu werden. Shawn sagt, der Deva wisse meine Liebe zur Erde zu schätzen. Deshalb sei das Kohlmadenbewusstsein bereit, meine Bitte zu berücksichtigen, nur die erste Pflanze in jeder Reihe für sich zu beanspruchen.

Jim fügt hinzu, welche Perspektive er empfangen hat: *Bedenke, dass wir stets im Boden sind. Es gibt die Option nicht, uns einfach auszulöschen. Wir sind stets im Boden vorhanden.*

Puh! Ich quelle über vor Dankbarkeit und Erleichterung. Die Maden haben mich wohl doch gehört. Ich frage den Deva: "Gibt es etwas, das ich für dich tun kann?"

Ja, höre ich ihn kichern, *nimm die Ringelblumen weg!* Ich hatte die eingegangenen Brokkolipflanzen durch Ringelblumen ersetzt, und der Deva macht mich humorvoll darauf aufmerksam, dass Ringelblumen widerlich schmecken. *Aber ernsthaft,* fügt der Deva hinzu, *du kannst euch, mir und dem Garten am besten helfen, wenn du lernst, mich genauso zu lieben wie die anderen Devas und das Land.*

Mir kommt noch eine dritte Frage in den Sinn. Mir fällt ein, dass ich zwei verschiedenen Schädlingen (Kohlmaden UND Erdraupen) gesagt hatte, sie könnten das erste Gemüse am Anfang jeder Reihe fressen. "Möchtest du, dass ich den Erdraupen sage, dass sie die letzte Pflanze in jeder Reihe fressen können? Damit wäre die erste Pflanze in den Reihen ausschließlich für euch reserviert. Wäre euch diese Abmachung lieber?" Shawn fühlt/hört eine Stimme in ihrem Kopf sagen: *Danke für deine Anteilnahme. Du bist nicht schlecht für einen Menschen!*

Jims letzter Eindruck von dem Deva ist: *Lass dich nicht entmutigen. Sei beharrlich. Liebe das Land auch weiterhin.*

Die Madengeschöpfe sind zuversichtlich, heiter und mächtig stolz auf die Rolle, die sie im Ökosystem spielen. Sie sind sehr belustigt über meine zögerlichen Kommunikationsversuche.

Wir befolgen Machaelle Small Wrights Formel zum Abschluss des Gesprächs, indem wir im übertragenen Sinne "den Hörer auflegen". Wir verabschieden uns vom Deva der Kohlmaden mit den Worten: "Vielen Dank! Wir trennen jetzt die Verbindung."

Wow! Wir haben es geschafft, ein direktes Gespräch zu führen. Und diese Geschöpfe sind nett zu mir. Sie sind sogar richtig spaßig. Ich fasse neuen Mut.

Werden sie meine restlichen Pflanzen jetzt in Ruhe lassen?

Näheres Kennenlernen: Nennt mich Charlie

Es ist jetzt Ende Juni, und es hat sich nichts geändert. Im Gegenteil, die Plage ist noch schlimmer geworden. Ich finde die Kohlmaden sogar an den grünen Bohnen. Ich stehe vor drei Problemen. Erstens bin ich wütend. Ich kann mir nicht vorstellen, wie ich genügend Freundlichkeit herbeizaubern soll, um noch mal ein Gespräch mit ihnen anzufangen und sie zu bitten zu verschwinden. Sie töten meine ausgewachsenen Pflanzen, die ich bemuttert habe, seit ich im März ihre Samen ausgesät habe. Das hier nehme ich persönlich! Zweitens bin ich angewidert. Ich bekomme das Bild der Verwundeten nicht mehr aus dem Kopf, wie sie in der Sonne dahinsiechen, kränklich und farblos. Wenn ich den befallenen Brokkoli, den Blumenkohl und die Bohnenstangen aus der Erde ziehe, wimmelt es an ihren Stümpfen von sich windenden Larven. Mein Magen rebelliert. Es ist schwierig, liebevolle Gefühle für etwas so Widerliches zu hegen. Drittens zweifle ich an ihrem Sinn für Anstand und an ihrer Kooperationsbereitschaft. Offenbar wollen die Kohlmaden überhaupt nicht kooperieren. Ich bin schwer beleidigt.

Mein ganzer aufgestauter Frust entlädt sich bei Jan Pohl, als sie am 30. Juni nach der Arbeit bei mir vorbeikommt. Fay, Jan und ich hatten gemeinsam hier im *Matanuska Valley* mit großem Spaß Unterricht im Trailside Discovery Camp erteilt. Ich lasse meinem Kummer über meine Kohlpflanzen und gescheiterten Versuche im spirituellen Gärtnern freien Lauf. Zum Glück nimmt Jan meine gefühlsgeladenen Geschichten mit der Neutralität einer Quäkerin zur Kenntnis. Dann lächelt sie verschmitzt und ruft: "Oh, dein Projekt fasziniert mich, Ellie. Lass uns mit den Kohlmaden reden! Ich bin gespannt!"

Ermutigt von Jans Unerschrockenheit ist nun auch Fay bereit, es noch einmal zu probieren. Wir drei bringen unseren Geist zur Ruhe und starten unseren Versuch.

Ich spreche für unsere Gruppe. "Deva der Kohlmaden, wir sind noch Neulinge, aber wir bitten darum, eine bewusste Verbindung mit dir aufzubauen. Wir lernen gerade, dich im Garten in Form deiner Larven zu erkennen, sie fressen die Wurzeln der Kohlsorten. Ist es auch deine Art, die ich an den grünen Bohnen sehe? Ihr seid so zahlreich, dass ihr ernsthaft meine zum Verkauf bestimmten Pflanzen schädigt. Wir möchten mit dir darüber sprechen."

Deva der Kohlmaden (eifrig und enthusiastisch): *Ah, das ist gut, gut, gut, dass ihr uns gerade besser kennenlernt. Ja, in den Bohnen sind wir auch.*

Fay: Warum?

Deva der Kohlmaden: *Weil wir sehr hungrig sind. Wir schlagen dir vor, überall mehr Rote Bete zu pflanzen.*

Ellen: Warum seid ihr so zahlreich? Eure Population ist ja wirklich enorm.

Deva der Kohlmaden: *Weil ihr uns braucht.*

Jan: Warum?

Deva der Kohlmaden: *Wir sind eure Lehrer. Ihr habt darum gebeten, mehr über die Kommunikation mit Devas zu erfahren. Wir sind ganz einfach die Lehrer, von denen ihr anfangen müsst zu lernen.*

Jan: Warum?

Deva der Kohlmaden: *Ihr könnt leicht mit uns kommunizieren. Wir sind bereit, Zeit mit euch zu verbringen. Wir werden euch helfen, kommunizieren zu lernen. Wir sind aufgeschlossener als einige andere Devas. Nur erwartet nicht, diesmal allzu viele Bohnen zu ernten. Aber verliert nicht den Mut, und macht euch keine Sorgen. Übrigens, ihr könnt mich "Charlie" nennen.* (Das wird von einem Gefühl großen Überschwangs begleitet.)

Sofort fällt uns ein Junge ein, Charlie Burke, ein Schüler aus dem Trailside-Wissenschaftscamp. Wir lachen vergnügt nur beim Gedanken an ihn. Wenn Charlie lächelt, strahlt sein ganzes Gesicht. Wenn er einem sein sonniges Lächeln schenkt, ist es unmöglich, in diesem Augenblick an irgendein Problem auf der ganzen Welt zu denken. Seine spontane Freude ist so ansteckend, dass man für eine Weile komplett die Zeit vergisst.

Ellen: Hm, "Charlie"? Dich, den Deva der Kohlmaden, sollen wir mit "Charlie" anreden? Ich muss sagen, ich habe ein ziemliches Problem damit, deine Form zu lieben. Mir wird sofort schlecht, wenn ich an Wurzelballen voller sich windender Maden und an verkümmernden Brokkoli denke. Ja, es würde bestimmt alles einfacher machen, dich Charlie zu nennen. Ich werde versuchen, dich als das fröhliche Kind Charlie zu sehen, das um die Pflanzen herumwirbelt, tanzt und vergnügt ist!

Fay: Warum rätst du uns, mehr Rote Bete zu pflanzen?

Charlie (Deva der Kohlmaden): *Weil Menschen Rote Bete mögen. Die Rote Bete wird euch etwas zeigen. Pflanzt sie überallhin.*

Um die Wahrheit zu sagen, als ihr eben etwas über die Bohnen wissen wolltet, war ich einfach froh und wollte einfach irgendetwas sagen, weil ich mich so gefreut habe, Kontakt mit euch zu haben. Deshalb sagte ich: "Pflanzt Rote Bete." Wir Kohlmaden sind froh, froh, froh, dass ihr Menschen mit uns sprecht. Mehr Rote Bete, mehr Rote Bete, mehr Rote Bete!

Ellen: Was für eine tolle Begeisterung! Aber ich bekomme gerade das Gefühl, zu viel auf einmal zu empfangen. Ich sehe das Bild einer Schnur. Was hat es mir der Schnur auf sich?
Charlie: *Das habe ich nicht geschickt.*
Fay: Wer dann?
Charlie: *Das weiß ich nicht.*
Fay: Stammt es aus einer guten Quelle, das heißt Wahrheit, Licht und Liebe?
Antwort aus einer unbekannten Quelle: *Ja. Hier sind auch andere gute Geister am Werke, und wir sind gerne bereit, euch zu helfen.*
Ellen: Oh. Also dann, hallo auch an euch! Willkommen! Was bedeutet die Schnur?
Antwort: *Sie bedeutet, dass ihr in einem Gespräch nur eine bestimmte Menge an Informationen verstehen und aufnehmen könnt. Ihr nehmt sozusagen das Ende einer Schnur und folgt in kleinen Abschnitten einem langen Pfad. Auf eurem Weg werdet ihr immer besser sehen und verstehen. Ihr werdet das Kommunizieren lernen, Schritt für Schritt. Wir sind froh und vergnügt und freuen uns sehr, gewürdigt und um Rat gebeten zu werden. Wir wünschen euch viel Freude damit, euren Weg an der Schnur entlang zu verfolgen.*
Ellen: Großartig! Vielen Dank. Aber das mit der Roten Bete ist uns noch nicht ganz klar. Warum sollen wir mehr davon pflanzen und wo?
Während wir nach einer Antwort spüren, sagt Fay, dass sie Rote Bete fühlt und wahrnimmt und sich außerordentlich energiegeladen fühlt.
Jan: Was bedeutet das?
Charlie und die anderen anwesenden Devas: *Ha, ha, ha, hi, hi! Das war nur ein kleiner Scherz. Fay war so blass um die Nase und brauchte ein bisschen Rot auf den Wangen. Deshalb gaben wir ihr Rote-Bete-Energie. Nach diesem Gespräch*

wird sie ein Nickerchen brauchen. Sie hat hart gearbeitet. Wir lieben sie!

Ellen: Was sollten wir als Nächstes erkennen oder verstehen?

Charlie: *Nun, wenn ihr eine Gruppe Kohlmadenlarven ausbuddelt, stellt sie euch als Bündel kleiner Charlies vor! Es ist sehr wichtig, uns als kleine Charlies zu sehen, wenn ihr uns im Garten erblickt, nicht als "Schädlinge".*

Jan und Fay haben die Kernaussage der Mitteilung in Worten empfangen. Meine ist ohne Worte. Ich fühle mich aufgewühlt, als würde jemand mitten aus meinem Herzen Dreck herauskratzen.

Wir haben das Gefühl, dass das Gespräch dem Ende zugeht. Jan empfängt ein Schlusswort von Deva Charlie. *Wir werden unseren Konsum der Bohnengewächse ein wenig herunterschrauben. Wir hatten das zwar so nicht geplant, aber wir fühlen uns euch zugetan.*

Wir verabschieden uns mit herzlichem Dank an Charlie und die anderen Devas, die dazugekommen sind. Ich wiederhole mein Gelöbnis, immer an Charlie Burkes Lächeln zu denken, wenn ich die kleinen weißen Maden in der Erde entdecke. Wir trennen die Verbindung, noch ganz begeistert von dem Entgegenkommen und dem Wohlwollen, das wir erlebt haben. Ich bin erstaunt – indem Fay, Jan und ich uns zusammengetan haben, haben wir durch die Bündelung unserer Eindrücke viel mehr Einzelheiten empfangen.

Ich selbst bin ganz aus dem Häuschen. Ein Vertreter des Tierreichs hat sich liebenswürdigerweise bereit erklärt, mich zu coachen – den Menschen, den Grünschnabel unter den Gärtnern, die Novizin unter den Tierkommunikatoren. Was kommt als Nächstes? Werde ich Zeugin werden, wie die Population der Kohlmaden den Rückzug antritt?

Im Laufe des Julis segnen weitere Kohl- und Bohnenindividuen das Zeitliche, aber Charlies Lektion in Sachen innerer Einstellung hält mich davon ab, mich der Verzweiflung hinzugeben. Gleichzeitig ermuntern Alaskas lange, helle Tage die Bohnen, den Brokkoli und den Blumenkohl, schneller zu wachsen, als die Maden sie vernichten können. Beschädigte Pflanzen beginnen, sich zu erholen und wieder zu gedeihen.

Die Gartenbauzeit von August bis September verlangt meine ganze Aufmerksamkeit, und ich lege einen rasanten Sprint hin, um meine restlichen 25 Pflanzenarten zu versorgen und zu ernten. Sie bringen einen guten Ertrag und ergänzen hervorragend den Gesamtverkauf. Ich bin zu beschäftigt, um mir weiter Gedanken über meine Verluste zu machen. Ich vergesse die Kohlmaden und Charlie und sein Angebot, mein devischer Botschafter zu sein. Ich gehe in die Winterpause und mache mich blindlings auf in die nächste Pflanzsaison.

Fangpflanzen

In *Good Earth Gardens* beginnt eine neue Pflanzsaison, und ich bekomme eine schwere Krankheit. Das ist jedes Frühjahr so. Die Unpässlichkeit nennt sich auch Gedächtnisschwund oder "Blinder-Enthusiasmus-Syndrom des gemeinen Gärtners".

Ich bin voller Optimismus. Ich träume von Größerem und Besserem. Ich bin berauscht von dem energiespendenden Sonnenlicht und der Wärme. Ich vergesse die Erschöpfung und die harte Arbeit im letzten Jahr. Und vor allem lege ich unbekümmert ein Beet nach dem anderen mit niedlichen Brokkoli-, Blumenkohl- und Kohlsetzlingen an, ohne einen Gedanken an die bisherigen Probleme zu verschwenden.

Denn schließlich habe ich neue Märkte erschlossen. Meine Kunden sind ganz versessen auf meinen Kohl. Das Gemüse ist kräftig, die Leute zahlen pro Pfund. Ich weiß, dass es sich gut verkaufen wird. Scheint so, als könnte ich unendlich viel davon anbauen.

Zwei Jahre Erfahrung habe ich jetzt hinter mir. Ich brenne darauf, das Geld in Strömen fließen zu sehen. Ich wage sogar die Prognose, diesen Sommer meinen Unterhalt aus meinem Gemüseanbau bestreiten zu können.

Oha! Was ist denn das?!? Die morgendliche Inspektion schockiert mich. Mehrere Kohlpflanzen sind verkümmert und lila. Hier finde ich weitere sterbende Pflanzen. Dort noch mehr. Das Markenzeichen der Kohlmade. Sind die Schädlinge etwa mit vereinten Kräften zurückgekehrt? Bedeutet das die Katastrophe für meinen Betrieb und einen weiteren riesigen Ernteverlust in dieser Saison? Um Himmels willen, was mache ich jetzt?

Ich versuche angestrengt, mein verschwommenes Gedächtnis zu reaktivieren ... Was hatte mir der Deva der Kohlmaden noch gleich gesagt? Ich erinnere mich an irgendeinen Charlie und an "Pflanzt mehr Rote Bete!" Am meisten erinnere ich mich aber gerade an meine Entmutigung, und zwar ganz deutlich. Letztes Jahr hatte ich schon früh in der Saison hohe Verluste an Kreuzblütlern zu verzeichnen. Hat Charlie unsere Vereinbarung für dieses Jahr etwa vergessen?

Was würde Charlie jetzt empfehlen, wo der Befall rasend schnell zunimmt? Kann ich vielleicht Kontakt herstellen und den Deva befragen, auch alleine?

Das Gespräch mit Charlie letztes Jahr hatte ja gemeinsam mit wohlmeinenden Freunden stattgefunden. Wenn ich alleine versuche zu kommunizieren, bin ich skeptisch und misstrauisch gegenüber den Gedanken, die ich empfange. Ich bin dann extrem unsicher und habe wenig Selbstvertrauen. Kurz gesagt leide ich an einer verbreiteten Krankheit, die die meisten Menschen davon abhält, sich mit Schädlingen zu besprechen: Ich habe ganz einfach Zweifel, dazu überhaupt in der Lage zu sein.

Es ist spät, und ich bin fix und fertig! Ich werde morgen darüber nachdenken. Vielleicht taucht ja dann ganz plötzlich eine wunderbare Lösung auf.

Ah, ein neuer Tag. Hey, was ist das? Auf die Einfahrt rollt unerwartet Hilfe. Wunder geschehen tatsächlich! Meine lieben Freunde Janice und Ed Schofield überraschen mich mit einem Besuch aus Homer. Jan schreibt zum Thema Wildkräuter, ist Lehrerin und ebenfalls eine spirituelle Sucherin.

"Hi Ed! Hey Janice!", platze ich heraus und gebe ihnen kaum Zeit, aus dem Auto zu steigen. "Wollen wir raus in den Garten?

Ich brauche euren Expertenrat. Das Gemüse hatte einen guten Start, aber die Schädlinge hatten noch einen besseren. Könntet ihr mit mir die Reihen abgehen und mir helfen, mir die Sache mal genauer anzusehen? Jan, könntest du vielleicht dein Pendel mitnehmen?" Ich weiß, dass Janice ein Pendel benutzt, wenn sie vor einem Berg Fragen steht. Sie stellt immer nur eine Frage auf einmal, und das Pendel verstärkt ihre Intuition und zeigt ihr die Antwort. Heute bin ich bis obenhin voll mit Fragen.

Ich zeige Janice die geschrumpften, kränklichen Brokkolipflanzen. "Vor ein paar Tagen waren sie noch leuchtend grün", erzähle ich ihr. "Und jetzt sieh dir das an – viele Jungpflanzen liegen in den letzten Zügen. Die Kohlmaden haben die Wurzeln komplett aufgefressen."

"Dann lass uns herausfinden, was hier los ist", sagt Jan. "Hören wir doch mal bei ihrem obersten Boss nach."

"Deva der Kohlmaden", beginne ich, "wir bitten um deine Kooperation und Kommunikation."

"Wir möchten gerne mit dir zusammenarbeiten", stimmt Jan mit ein, "damit Ellie einen ertragreichen Garten hat und ihr habt, was eure Art benötigt."

Jan fühlt, dass ihre Aufmerksamkeit auf die freien Stellen in den Brokkolireihen gelenkt wird. Hier waren einzelne Pflanzen eingegangen, ich hatte sie entfernt. "Ich fühle, dass in diesem Bereich so gut wie keine Larven sind", sagt Janice. "Empfiehlst du Ellie, dort etwas anderes zu pflanzen?"

Das Pendel schwingt seitlich hin und her. "Das bedeutet *ja* in meiner Kommunikationssprache", erklärt Janice. "Jeder muss für sein Pendel ein eigenes Zeichen für *ja* und *nein* festlegen.

"Was möchtest du gerne fragen, Ellie? Mit dem Pendel müssen wir JA- oder NEIN-Fragen stellen."

"Was soll ich an diesen Stellen pflanzen?"

Jan schreibt schnell eine Liste und prüft sie mit ihrem Pendel. Sie fragt laut, ob ich Folgendes pflanzen soll:

- Ersatz-Brokkoli?   Nein
- Begleitpflanzen?   Ja
- Knoblauch?   Nein
- Zwiebeln?   Ja
- Ringelblumen?   Ja

"Ich bekomme das Gefühl, dass der Deva der Kohlmaden gerade nicht bereit ist, gänzlich das Feld zu räumen", sagt Jan. "Einen Moment." Jan hält inne. Sie kritzelt wie verrückt auf ihrem Notizblock herum, macht eine Pause und sagt dann: "So würde ich interpretieren, was gerade zu mir durchgekommen ist."

Der Grund sind teilweise Ellies Überzeugungen. Sie glaubt, dass sie uns Kohlmaden einfach nach Wunsch zum Gehen veranlassen kann, aber sie glaubt nicht hundertprozentig daran, dass wir es auch tun werden. Deshalb tun wir es nicht.

"Ich habe sie auch gefragt", fährt Janice fort, "ob sie noch andere Gründe hatten, sich so zahlreich in diesem Garten aufzuhalten. Das haben sie mir geantwortet, wenn ich meine Eindrücke zusammenfasse."

Wir mögen es hier. Es gibt hier kein giftiges Zeug. Einige von uns werden jedoch nun gehen, im Geiste der Kooperation. Wir werden von nun an jedes Jahr unsere Kooperation (fortzugehen) erhöhen.

"Ich empfange noch eine Mitteilung", sagt Jan zu mir. Der Deva sagt: *Wir wollen eine Pflanze für uns allein.*

Sie prüft wieder mit dem Pendel.

- Rüben?	Es schwingt nach links und nach rechts, ihr Zeichen für *nein*.
- Radieschen?	Sie bekommt ein enthusiastisches Vor- und Zurückschwingen. "Das bedeutet *ja*", richtet Jan mir aus.

"Wird die Kohlmade denn ein paar Radieschen für Ellie übrig lassen?", will Jan wissen. Ihre Antwort kommt zum Teil aus der Beobachtung des Pendels und aus einem Bauchgefühl heraus. *Ja, wir werden sie aufteilen. Wir werden einige verschonen*, antworten die Kohlmaden.

"Was sollte mit den befallenen Radieschen gemacht werden?", fragt Jan weiter.

– Stehen lassen?	Nein
– Auf den Müll bringen?	Nein
– Kompostieren?	Ja

"Also, Jan", stammele ich, "das ist neu für mich, aber ich werde gleich morgen damit anfangen. Aber gerade springen meine Gedanken schon wieder zu den nächsten Pflanzen und Problemen. Würdest du mir helfen, den Rest des Gartens auch noch unter die Lupe zu nehmen? Es gibt da noch ein paar andere rätselhafte Dinge, die ich mir nicht erklären kann."

Pendeleien im Garten

"Was gibt es denn noch Mysteriöses bei dir?", fragt Jan. "Na ja, Erdraupen", antworte ich rasch. "Ich mache mir Sorgen wegen der Erdraupen. Ich hatte schon mal mit ihnen Ärger – werden sie wieder scharenweise zurückkehren und meine zarten Setzlinge niedermachen?"

"Was sind Erdraupen?", will Jan wissen.

"Das ist eine pummelige, fette Raupenart. Ungefähr so lang wie ein Fingergelenk. Die meisten Erdraupen sind braun und nur schwer auf der Erde zu erkennen. Erdraupen können in nur wenigen Nächten eine Reihe junges Gemüse nach der anderen niedermähen", plappere ich los. Dann geht es mit mir durch.

"Die Erdraupen werden jetzt fetter, gerade wo im Garten reihenweise Saaten keimen und Hunderte von Setzlingen versuchen, Fuß zu fassen. Erdraupen operieren nachts, kriechen über die Erde, bis sie auf einen Pflanzenstrunk stoßen. Sie wickeln sich um den Strunk, direkt an der Stelle, wo er aus der Erde kommt. Sie fressen ihn an. Sie marschieren weiter zum nächsten zarten Strunk und weiter zum nächsten. Die Pflanzen kippen um. Alles, was ich am nächsten Morgen noch vorfinde, sind die welken Todesopfer.

Ich höre die Stille der Nacht förmlich vor Erdraupen erzittern, die wie eine Mannschaft Holzfäller grölen: 'Baum fällt!' Ich sehe förmlich, wie sie sich zu üppigen vegetarischen Banketten versammeln. Sie schlagen sich die Bäuche voll. Und am Morgen danach graben sie sich dann mit einem zufriedenen Rülpser in die Erde ein, um ihr Verdauungsschläfchen zu halten."

"Ich sehe schon, mit Erdraupen hast du es nicht so. Möchtest du eine kooperative Vereinbarung mit ihnen treffen, Ellie?", fragt Janice. Ihre ruhige Objektivität bringt mich mit meinen aufgestauten Ängsten wieder auf den Boden der Tatsachen zurück.

"Oh, ja. Ja, das will ich."

Janice, die ja hier die neutrale Partei ist, übernimmt die Anrufung. "Hallo, Großer Geist der Erdraupen. Wir würden gerne etwas mit dir besprechen. Ellie möchte mit euch zusammenarbeiten, statt euch wie Schädlinge anzugreifen. Was sollte Ellie tun, um mit euch und eurer Population zu kooperieren?"

Jan meldet die simple Antwort: *Wir sind zurzeit kein großes Problem.* Wir müssen beide herzhaft lachen. Da habe ich mir wohl umsonst Sorgen gemacht!

"Was möchtest du sonst noch besprechen, Ellie?", fragt Jan.

Ich überfliege meine "Sorgenkinder" im Garten. "Ich möchte gerne noch den Sellerie, die grünen Bohnen, den Blumenkohl, den Kopfsalat und eine Birke befragen."

Janice geht von Pflanze zu Pflanze, während sie ihre Intuition-plus-Pendel-Methode anwendet.

"Sellerie, was braucht ihr für ein optimales Wachstum, was Ellie euch geben kann?"

Wir sind glücklich. Wir brauchen nichts.

"Grüne Bohnen, braucht ihr irgendetwas?"

(Völlig überdreht) *Uns fehlen Nährstoffe. Wir wollen Sonne. Gib uns Kompost als Seitendünger oder in flüssiger Form als Kompostbrühe.*

"Blumenkohl, wie geht es euch angesichts der Probleme, die euer Vetter, der Brokkoli, mit den Kohlmaden hat?"

Wir mögen die Ringelblumen, die du neben uns gepflanzt hast. Wir brauchen gerade nichts Besonderes. Sieh dir nur unsere kräftige grüne Farbe an.

(Der Deva übermittelt diese Botschaft in trällerndem Tonfall und ausgelassener Stimmung.)

"Kopfsalat, wie steht es mit euch?"

(In einen Tonfall, der sich anhört wie ein eifriges Kind:) *Wir wollen Fischemulsion!*

"Birke am Haus, uns ist aufgefallen, dass deine Blätter jeden Sommer braune Spitzen bekommen. Der Experte vom *Cooperative Extension Service* hat uns gesagt, das liegt an anderswo eingesetzten Pestiziden, die durch den Wind zu dir getragen werden. Der Begriff dafür ist ‚Drift'. Stimmt das?"

Ja, das liegt an einem Pestizid, nicht an irgendetwas, was Ellie oder der Haushalt getan hat.

"Was brauchst du?", fragen wir. "Was hättest du gerne?"

Wir sind immer noch stark. Das eine oder andere würde uns guttun, aber es ist nicht nötig, um uns zu retten oder zu "erlösen".

– Fischemulsion?	*Ja*
– Kompost?	*Ja*
– Blumen um den Stamm?	*Ja*
– Tote Astenden abtrennen?	*Wenn ihr wollt.*
– Viel Wasser?	*Ja*

Ich bin ganz beschwingt vor Begeisterung. Wir danken den Devas und trennen die Verbindung. Ich bedanke mich bei Janice: "Es war sehr nett von dir, mit mir zusammenzuarbeiten. Deine zweite Meinung und deine zusätzlichen Einblicke haben mir jede Menge neue Zuversicht gegeben."

Und zu mir selbst sage ich brummelnd: "Ich frage mich, wie ich jemals selbst mit diesen Wesen im Garten reden soll, wenn Jan und Ed wieder zurück in Homer sind ..."

Die Kunst des Fallenstellens

Am Tag nach der Abreise der Schofields verabreiche ich den grünen Bohnen eine Seitendüngung und serviere dem Kopfsalat Fischemulsion.

Dann schnappe ich mir wild entschlossen einen großen Sack Radieschensaat und pflanze um jedes Brokkoli- und Blumenkohlbeet einen Ring aus Samen. Dabei bitte ich die Kohlmaden im Fliegenstadium, die hier von mir bereitgestellten Radieschen zum Legen ihrer Eier zu benutzen und nicht den Brokkoli oder den Blumenkohl.

In den folgenden Wochen beobachte ich aufmerksam die Entwicklungen. Sobald die Radieschensamen keimen und die Keimlinge 15 bis 25 Zentimeter hoch sind, rupfe ich sie rund um jedes Beet aus. In diesem Stadium sind die Wurzeln leicht knollenförmig. Fast überall an dem rot-weißen Radieschenfleisch erblicke ich graue Punkte und krumme Gestalten, ein höchst unappetitlicher Anblick. Das Werk der Maden. Damit bin ich also zur erfolgreichen Fallenstellerin geworden und habe die Kohlmaden geschlagen. Ta-da.

Statt Brokkoli und Blumenkohl waren es die Radieschen, die die Kohlmaden angelockt haben. Ich werfe die befallenen Radieschen auf den Kompost. Die Kohlmaden werden dort eingehen; ihr Wirt, das Radieschen, wird verwelken. Da sie im

Larvenstadium verhungern, werden sie niemals zu ausgewachsenen, eierlegenden Fliegen werden.

Sofort säe ich auf den leeren Reihen wieder neue Radieschensamen aus und wiederhole die Prozedur. Ich bin gerne bereit, die Radieschen zu opfern, um die Schädlinge in die Falle zu locken.

Der Brokkoli und der Blumenkohl innerhalb des Rings aus Radieschen wachsen munter immer weiter, ohne dass sie Schaden zu nehmen scheinen. Als die Saison ihren Höhepunkt erreicht, habe ich eine reiche Ernte. Das Pendeln hat sich tatsächlich als korrekt erwiesen. Ganz wichtig in dieser Sache ist das Timing. Ich muss so vorgehen, dass ich, bevor oder direkt, nachdem ich den Kohl gepflanzt habe, Radieschen aussäe, da die ausgewachsenen Fliegen ansonsten meine frisch gepflanzten Kreuzblütler aufs Korn nehmen.

Später erfahre ich, dass dies eine bewährte Taktik ist, das Kind hat sogar einen Namen: Fangpflanzen. Vielleicht sind Fangpflanzen bei erfahrenen Biogärtnern allgemein bekannt, aber zu denen gehöre ich ja nicht.

Ich beobachte auch die Aktivitäten der Erdraupen. Im Laufe der Saison stelle ich fest, dass die Erdraupen die Wahrheit gesagt haben: Ihre Population wird nie zu einem großen Problem. Nur in einem von 12 Jahren ist die Erdraupenpopulation zu einer Plage explodiert, und selbst dann waren die Erdraupen in meinem eigenen Garten nicht besonders zahlreich. Als ich dagegen auf dem Feld meines Nachbarn mit den Fingern durch knapp einen Quadratmeter Erde harkte, zählte ich 30 Erdraupen auf einen Streich. **Wir haben Kohldampf!**, sagten sie mir. Es war die einzige Saison, in der ich Kohl-Kragen aufgestellt, die Raupen per Hand aufgesammelt und andere Methoden angewandt habe, die Bio-Gärtnern zur Verfügung stehen.

Wenn ich mir den Sellerie, die Bohnen, den Blumenkohl und den Salat so ansehe, zaubern sie mir ein Lächeln ins Gesicht, weil sie sich sehr schön entwickeln. Was die Birke betrifft, beginnen wir jetzt damit, sie regelmäßig zu gießen, und pflanzen vier Ringelblumen unter ihre Baumkrone. Zuerst finde ich es eigentlich zwecklos und sage mir: "Das ist doch albern; gegen Rückstände giftiger Chemikalien sind wir einfach machtlos."

Aber dann lese ich noch einmal das Buch *Der Findhorn-Garten*. Es erinnert mich daran, dass es durchaus positiv ist, so zu handeln. Es ist eine liebevolle Geste, wenn wir als Menschen die Birke ermutigen, stark zu sein. Als kleine Aufmerksamkeit schenken wir ihr ein paar fröhliche, bunte Ringelblumen als Gefährten.

Ich beobachte die Birke weiter. Sie ist mehrere Jahre lang stetig gewachsen, und in jedem Sommer haben ihre Blätter weniger braune Stellen als im Vorjahr. Weil sich nun schon so viel bewahrheitet hat, beginne ich langsam, dieser ganzen Deva-Sache zu trauen.

So geht es Erdraupen an den Kragen:

Wenn die Erdraupenpopulation stark erhöht ist, stehen mehrere Strategien zur Wahl. Ökologische Optionen sind unter anderem: von Hand aufsammeln, Barrieren wie Kragen und schwebende Reihenabdeckungen, Umgraben, Timing, Mischkulturen, Unkraut stehen lassen, Fruchtwechsel, Kieselgur und ökologische Kontrolle wie Bt oder nützliche Fadenwürmer (siehe Anhang 1 B).

Brokkoli: Wir bekämpfen Krebs

Ich schnappe mir eine nichtsahnende Freundin, die an einem bewölkten Tag Mitte Juli bei mir vorbeikommt. "Komm doch mal mit mir in den Garten", winke ich sie herüber. "Ich möchte mir gerne den Brokkoli ansehen und gucken, wie es ihm so geht."
"Was?", fragt Cheryl. "Du meinst, ich soll dir beim Inspizieren helfen?"
"Vor einiger Zeit hatte ich Probleme in meinen Brokkoli-Beeten", erkläre ich ihr. "Ich habe hier ein paar Schwierigkeiten mit Schädlingen und Dünger. Ich sehe zwar die Blätter und die Strünke über der Erde, aber ich will wissen, wie ihr Allgemeinbefinden so ist - langsam werde ich wohl zu einer überängstlichen Mutter ..."
"Und was soll ich da für dich tun?", will sie wissen.
"Ich möchte, dass du mir hilfst, mit ihnen zu sprechen - dass du sie fragst, ob sie irgendwelche Probleme haben."
Ich registriere den verdutzten Ausdruck auf Cheryls Gesicht. "Du willst, dass ICH dir helfe, mit Pflanzen zu reden?"
"Ja, es ist ganz einfach." Ich verströme Begeisterung und Zuversicht, auch in der Hoffnung, mich selbst zu überzeugen. "Ich werde es dir zeigen, wenn wir unterwegs sind."
Cheryl zuckt mit den Achseln und nickt. "Okay, ich helfe, wenn ich kann."

"Ich nenne diesen Prozess Einstimmen", erläutere ich. "Experten im Findhorn-Garten in Schottland zufolge hat jede Pflanze, jeder Stein und jeder Ort ein kollektives Bewusstsein. Einige nennen es Engel oder Deva, das heißt Lichtwesen. Wir beginnen also damit, dass wir diesen alles überstrahlenden Geist begrüßen und ihn bitten, mit uns zu kommunizieren.

Deva des Brokkoli", hebe ich an, "Cheryl und ich möchten dir danken, dass du anwesend bist und die Energie der Brokkolipflanzen hier in dir vereinst. Wir möchten uns auf dich einstimmen und mit dir kommunizieren.

Wenn wir jetzt weitermachen", sage ich zu Cheryl, "stell dir vor, wie sich Brokkoli anfühlt, riecht und aussieht. Erinnere dich an den Geschmack der grünen Röschen, roh und gekocht. Wir lassen unser analytisches Denken verstummen. Jetzt ist die Zeit, um alles zu notieren, was dir in den Sinn kommt – Bilder, Gefühle, Musik, Vorstellungen, Eindrücke, Wörter. Jeder empfängt Informationen auf eine andere Weise, und keine ist der anderen überlegen. Vertraue einfach und berichte, was du empfängst."

"Vertraue dem, was du empfängst, Ellie", ermahne ich mich selbst innerlich. "Lass deine Skepsis los."

"Ich nehme eine sehr liebeswürdige Persönlichkeit wahr", sagt Cheryl.

"Ich fühle auch eine leichte Energieveränderung. Ich denke, wir sind verbunden. Fragen wir einfach, wie es dem Brokkoli geht."

"Ich nehme wahr: *Ja, uns geht es gut*", sagt Cheryl.

"Ich auch", füge ich hinzu. ("Wow", denke ich, "es funktioniert! Wir erhalten gemeinsam die Antwort.")

Der nächste Teil ist seltsam. Ich erwarte, etwas über Kohlmaden und Nährstoffe im Boden zu hören.

Stattdessen empfängt Cheryl die Worte: *Meine Persönlichkeit scheint euch also liebenswürdig und locker zu sein? Ah, lasst euch nicht täuschen. Wir Brokkolis sind sehr stark. Wir bekämpfen Krebs, wenn ihr uns esst. Wir sind sehr stolz darauf!*

Wir blicken uns erstaunt an. (1989 war das noch keine bekannte Tatsache.) Ich weiß nie, was ich in einem Gespräch mit einer Grünpflanze alles erfahren werde. Was ich aber weiß, ist, dass es sich lohnt, ganz kühn unbeteiligte Zuschauer dafür zu rekrutieren. Durch ihre Begeisterung und Hilfestellung überwinde ich mein Gefühl von Unzulänglichkeit.

Dünger: Der Brokkoli empfiehlt mir ein Tabu

Juhu, es geht aufwärts! Die Schäden durch die Kohlmaden gehen tatsächlich zurück! Der restliche Brokkoli wird wieder dichter, größer und bringt einen guten Ertrag. Ich liebe diese Art des Gärtnerns. Frag die Devas, und freu dich an den Ergebnissen. Das pure Glück ... bis jetzt.

An diesem Tag Mitte August schnappe ich mir erwartungsvoll mein Messer, um meinen bildschönen Brokkoli zu schneiden ... aber Augenblick mal! Ich finde nur zweieinhalb Zentimeter kleine Köpfe. Wo sind all die fleischigen, ausladenden Vorzeige-Brokkolis hin? Ich hatte eigentlich geplant, noch sechs Wochen lang weiter gut ernten zu können.

Ich will MEHR. Ich will GRÖSSE. Und ich will es DURCHGÄNGIG bis zum Frost! Aber wie? Ich Kindergartenkind weiß immer noch nicht, wo ich solche Gartenbautipps überhaupt finden kann.

Am besten wäre es wohl, den Brokkoli selbst zu fragen, aber so ganz alleine macht mir das immer noch Angst. Meine bisherigen Konversationsversuche mit den Devas, ohne dabei fremde Hilfe in Anspruch zu nehmen, haben bisher nur vage Informationsschnipsel und eine Menge Zweifel ergeben. Janice hat mir vorgeschlagen, es mit einem Pendel zu versuchen. Andere wie Machaelle Small Wright nutzen sehr erfolgreich die Kinesiologie (Muskeltests). Ich bin frustriert, weil diese Methoden nur Antworten auf einfache Ja-/Nein-Fragen zulassen. Ich will Details. Ich will Ausführlichkeit. Ich will mehr Hintergrundinformationen erfahren.

Ich bin kein Medium. Vielleicht muss ich einfach wieder eine Freundin rekrutieren. Fay, meine Mitbewohnerin, ist hier das offensichtlichste Ziel. Eine frohe, ruhige Seele mit minimalem Bedürfnis nach Selbstbestätigung und einem überschaubaren Terminkalender. Was bedeutet, dass sie eine wunderbare Zuhörerin ist, die es nicht nötig hat, sich mit ihrer Meinung über Ratschläge zu stellen, die aus engelhaften Quellen zu uns gelangen.

"Fay, es würde mich sehr freuen, wenn du mir helfen könntest, ein Gespräch mit dem Deva des Brokkolis zu führen."

"Sicher", sagt sie strahlend. Mit Papier und Bleistift bewaffnet lassen wir uns am Rand des Brokkoli-Beets nieder. "Sag mir genau, welche Fragen du stellen willst, damit ich mich darauf konzentrieren kann."

Ich kratze mir den Kopf und bringe dann ein paar Schlüsselwörter zu Papier.

Fay sitzt derweil mit geschlossenen Augen da und atmet tief durch. "Es riecht so grün, so lebendig. Und ich denke an leckeren, köstlich duftenden Brokkoli auf weißen Tellern."

"Hallo und unsere ehrerbietigsten Grüße!", rufe ich laut den Deva des Brokkolis an. "Wir danken dir, dass du hier wächst. Wir brauchen deinen Rat. Würdest du uns bitte mitteilen, wie wir dir helfen können, größere Brokkoliköpfe zu bekommen? Welche Nährstoffe können wir dir zuführen, um das Wachstum und die Vitalität hier zu beleben? Wir möchten die Saison gerne mit eimerweise Brokkoli der Schwergewichtsklasse beenden."

Schweigend warten wir. In meinem Kopf brodeln Zweifel. Ich weiß einfach so wenig über Dünger. Ich strenge meinen Geist an, grabe nach Antworten und spanne mich dabei immer mehr an.

Ich blicke verstohlen zu Fay hinüber – sie sieht entspannt aus, bereit anzunehmen, was immer in ihrem Kopf auftaucht. Nach einiger Zeit vergleichen wir unsere Eindrücke.

"Fay, ich bekomme nur ein Wort: 'Stickstoff'", gestehe ich. Ich bezweifle seine Richtigkeit.

"Ich auch", sagt sie.

"Wirklich? Also denke ich mir das nicht nur aus?" Ich fühle meinen Körper wieder zur Ruhe kommen.

"Anscheinend nicht. Vielleicht könntest du ja um Details bitten."

"Deva des Brokkolis", fahre ich fort, "hast du eine Vorliebe bei der Stickstoffquelle? Ich habe Blutmehl und Fischemulsion hier."

"Und *Miracle Gro*", ergänzt Fay. "Die geballte Kraft des Stickstoffs steht hinten im Schuppen." (*Miracle Gro* ist ein hier gebräuchlicher Garten- und Zimmerpflanzendünger. Es ist ein wasserlösliches, blaues Pulver.)

"Ach, komm schon, Fay, das ist doch nicht ökologisch."

"Nein, aber es ist noch ein bisschen vom ersten Jahr übrig, als du noch konventionell angebaut hast. Du hast es auf jeden Fall da."

"Okay, wir können ja ein bisschen Humor in die Sache bringen. Blutmehl, ja oder nein?"

Ich beobachte Fay beim Kritzeln. Dann meldet sie: "Ich habe den Deva des Brokkolis sagen hören: *Ja, das ist gut. Mach Brühe daraus, und gieß sie rund um den Brokkoli-Strunk. Segne dabei jede Pflanze.*"

"Und Fischemulsion?"

Fay lauscht und berichtet, was sie empfangen hat. *Ja, auch das ist gut. Segne auch dabei jede Pflanze.*

"Und *Miracle Gro*?", frage ich lachend.

Fay lauscht wieder und schüttelt ungläubig den Kopf. "Was ich gehört habe, ist: *Nun gut, lassen wir ein Wunder geschehen. Ja!* Das ist richtig fröhlich und begeistert rübergekommen."

"Ganz ernsthaft, würden die Chemikalien nicht den Boden schädigen?", frage ich zweifelnd.

"Der Deva sagt mir", fährt Fay fort, *"dass Miracle Gro hier im kalten Boden Alaskas schnell wirkt und den Pflanzen genau den Auftrieb gibt, den sie jetzt so dringend brauchen. Da wir dem Boden immer Kompost verabreichen und ihn ökologisch bewirtschaften, wird er bei diesem einen kurzen Einsatz keinen Schaden nehmen."*

"Bist du sicher, Fay?"

"Es ist das, was durchgekommen ist."

"Also gut, wenn du es sagst. Ich weiß nur nicht, wie ich irgendjemandem klarmachen soll, dass mein Bio-Gemüse mit Chemikalien aufgepeppt wurde."

"Deva des Brokkolis, was den Stickstoff angeht, wozu rätst du uns für nächstes Jahr?", frage ich. "Ich will diesen Mangel im nächsten Jahr verhindern. Welche Menge Stickstoff empfiehlst du, wenn ich die Gartenerde vorbereite?"

Fay wird wieder still und meldet dann: *Was auch immer du normalerweise als Stickstoff verwendest, verdoppele es in deinen Brokkoli-Beeten. Dasselbe gilt für den Kohl, Grünkohl und Blumenkohl. Gib auch reichlich Kalium dazu.*

"Es freut mich, das zu erfahren, Deva des Brokkolis. Ich werde mich direkt daranmachen und *Miracle Gro* einsetzen und mir den Dünger für nächstes Jahr jetzt schon vormerken. Ich danke dir sehr. Ich glaube, das wären vorerst alle Fragen. Herzlichen Dank, dass du mit uns gesprochen hast. Wir trennen jetzt die Verbindung und danken dir sehr."

Ich springe auf die Füße. Ich fasse Fay an den Händen, ziehe sie hoch und führe einen kleinen Freudentanz auf. "Wir haben's geschafft, wir haben's geschafft!", rufe ich. "Die Einstimmung klappt. Die Devas sprechen zu uns, leiten uns Schritt für Schritt an!"

Ich hüpfe zum Schuppen und fördere das Glas mit den blauen *Miracle Gro*-Kristallen zutage, außerdem einen Schlauch, einen

Messlöffel und eine Sprayflasche. "Oh Gott, ich hoffe, niemand sieht das geheime Wunder. Fay, falls irgendjemand fragt, sag, dass ein Deva mich dazu gebracht hat."

Fröhlich benetze ich in jedem Brokkoli-Beet den Boden und die Blätter. "Vergiss nicht die Segnung", mahnt Fay mich.

"Mögest du Wunder bewirken!", singe ich beim Sprühen.

Zwei Wochen später entdecke ich ein paar faustgroße Brokkoliköpfe in den Beeten. Jede Woche ernte ich dankbar immer mehr. Als die Saison zu Ende geht, stelle ich fest, dass ich in Gewicht pro Pfund viermal so viel Brokkoli geerntet habe wie erwartet.

"Es ist ein Wunder", sage ich zu Fay. "Der Deva hat uns genau den richtigen Rat erteilt. Ich gebe zu, dass ich mich gefragt habe: ‚Wenn wir schon um Rat bitten, warum zweifeln wir dann gleichzeitig daran und werten ihn ab?'"

"Ja, und es ist auch ein Wunder, dass du dem Rat vertraut und getan hast, was der Deva empfohlen hat. Das war ein guter Test, weil *Miracle Gro* ein Ratschlag war, der nicht aus deinem Kopf stammen konnte. Es muss von den Devas selbst gekommen sein. Sie kommunizieren wirklich mit uns."

"Du hast recht, Fay. Ich hätte niemals vermutet, dass ein Gartenengel einen Kunstdünger vorschlägt. Das ist komplett gegen meine Prinzipien. Ich habe wohl noch viel über erfolgreiche Gemüseproduktion in Alaska zu lernen", seufze ich. "Ich brauche eine Kurzunterweisung, wo ich ökologischen Dünger herbekomme, welchen ich am besten nehme und wie viel davon."

"Sieht so aus, als hätten wir einen arbeitsreichen Winter mit viel Lektüre und spirituellen Gesprächen vor uns", lacht Fay.

Über Nährstoffergänzungen

Stickstoff (N) Kohl und Salat werden auch "Heavy Feeders" genannt, weil sie eine großzügige Dosis Stickstoff (N) brauchen, um ihre grünen Pflanzenteile auszubilden. Kann Kompost allein den gesamten N liefern, der benötigt wird, um die riesigen Brokkoli-Köpfe heranzuzüchten, die die Käufer erwarten? Wahrscheinlich nicht. Dazu muss man den Stickstoff aus dem Kompost noch weiter ergänzen.

Kalium (K) Auch Kalium ist ein wichtiger Nährstoff, der zahlreiche Funktionen in der Pflanze unterstützt. Kaliumquellen sind unter anderem Sul-Po-Mag, Grünsand, Kaliumsulfat und Kelp. Kalium kann zwar schon im Boden vorhanden sein, ist aber ohne eine von einem Bodenanalyse-Labor empfohlene chemische und biologische Abstimmung eventuell nicht für die Pflanzen verfügbar.

Weitere Informationen über Bodendüngung finden Sie in Anhang 2 und in entsprechender Literatur zu ökologischem Gartenbau.

Spurenelemente werden meist mittels flüssigem Fisch- und Seetangdünger und/oder Kompost, Kelpmehl oder Azomite zugegeben.

Dünger: Welcher soll es sein?

Meine winterliche Suche nach zugelassenen Bio-Düngemitteln führt mich in unbekannte Gewässer. Ich staune über merkwürdig klingende Namen wie Guano, kolloidales Kalziumphosphat, chilenisches Nitrat, Azomite, Langbeinit, Glaukonit. Dann lese ich von granuliertem "Mehl" offensichtlicheren Ursprungs wie Fischgrätenmehl, Blutmehl, Knochenmehl, Sojamehl und Baumwollsamenmehl.

Um mehr über die mysteriösen Pulver herauszufinden, muss man schon fast detektivisches Gespür an den Tag legen. Der Inka-Name für die geruchsintensiven Exkremente von Fledermäusen und Seevögeln hat sich zu der spanischen Bezeichnung Guano gewandelt. Der Vogelmist ist reich an Stickstoff und Phosphor. Kalziumphosphat, ein Mineral, das hauptsächlich in Florida und Tennessee abgebaut wird, wird gemahlen, um so Phosphor für die Landwirtschaft zu gewinnen. Ich erfahre, dass kolloidales Kalziumphosphat feiner gemahlen ist, normales Kalziumphosphat ist gröber. Je feiner die Partikel, desto leichter können die Pflanzen sie nutzen.

Was ist "Azomite"? Irgendein findiger Mensch hat sich diesen Namen für eine erdige Substanz ausgedacht, die so viele Spurenmineralien enthält, dass sie Pflanzen wunschlos glücklich macht. Ein weiteres abgebautes Mineral heißt Langbeinit, aber im Fachgeschäft müssen Sie nach K-Mag oder Sul-Po-Mag fragen. Die Namen lassen auf die Inhaltsstoffe Schwefel, Kalium und Magnesium schließen.

Beim Dünger Glaukonit stellt sich heraus, dass er allgemein unter der Bezeichnung Grünsand bekannt ist. Es handelt sich dabei um alte Meeresbodenablagerungen, die jetzt hauptsächlich in New Jersey zu finden sind. Glaukonit ist kaliumreich und hat einen leichten Grünstich.

Ich ackere mich durch Bücher und Kataloge, um mehr über die einzelnen Bodendünger zu erfahren. Jeder hat Vor- und Nachteile.

Stickstoff ist eine wichtige Substanz und wird in verschiedenen Formen angeboten. Pflanzen verbrauchen Stickstoff sehr schnell, und bestellter Boden braucht so gut wie jedes Jahr neuen. Die Bodenbiologie sorgt dafür, dass aus dem Stickstoff Nitrat oder Ammoniak wird. Man hat unter anderem die Wahl zwischen Blutmehl, Baumwollsamenmehl, Fischmehl und Sojabohnenmehl, um den Pflanzen dieses grundlegende Element zuzuführen. Die hohe Stickstoffkonzentration in Blutmehl kann die Pflanzen verbrennen, wenn man es nicht schon vor dem Setzen oder zuerst nur in niedrigen Mengen verteilt. Der Geruch von Blut- und Fischmehl kann ein paar Tage lang Hunde und Katzen anlocken. Baumwollsamenmehl stammt vom Baumwollstrauch, daher stinkt es nicht, aber es säuert natürlicherweise den Boden an. Braucht mein Boden das? Sojabohnenmehl kommt höchstwahrscheinlich von genmanipulierten Pflanzen und ist kein zertifiziertes Bioprodukt. Bei den Phosphaten stellt sich die Frage, ob ich lieber Knochenmehl, Fischgrätenmehl oder Kalziumphosphat nehmen soll?

Als Nächstes brauche ich für die Strünke und Wurzeln etwas mit hohem Kaliumgehalt. Ich kann wählen zwischen Angeboten wie Sul-Po-Mag, Kelpmehl und Grünsand. Pflanzen verbrauchen beim Wachsen die Mineralien im Boden, daher betonen Bio-Gurus immer wieder, wie wichtig es ist, regelmäßig Spurenelemente und die Grundelemente Stickstoff, Phosphat und Kalium zuzugeben. Mein Boden braucht also gleichermaßen Makro- und Mikronährstoffe.

Hier wird die Auswahl nun ein bisschen komplizierter. Sul-Po-Mag wird empfohlen, wenn reichlich Kalzium vorhanden ist, aber ein Mangel an Magnesium und Kalium herrscht. Kelpmehl enthält die umfangreichste Menge an Spurenelementen, die so wichtig für die Gesundheit der Pflanzen sind. Aber an Kelpmehl darf nur ein Pfund pro 9 Quadratmeter verteilt werden. Wenn ich nur Kelpmehl verwende, dann könnte ich wetten, dass der Kaliumgehalt zu spärlich sein wird. Daher müsste ich das Ganze noch mit einer zweiten Form von Kali ergänzen, etwa Grünsand. Bei so viel Auswahl weiß ich bald nicht mehr, wo mir der Kopf steht.

Schlussendlich sind sich meine Ratgeber einig, dass der Landwirt oder Gärtner Kalzium (einen weiteren Makronährstoff) hinzugeben und den pH-Wert anpassen muss (Ausgewogenheit zwischen dem Säuregrad und der Alkalität des Bodens). Kalk ist am gebräuchlichsten zur Erhöhung des pH-Wertes. Ich erfahre, dass jeder Kalk oder Kalkstein zwar Kalzium liefert, aber dass Kalk nicht gleich Kalk ist. Die Experten raten mir, bewusst zwischen kalziumreichem Kalk und Dolomitkalk zu wählen.

Alles hängt letztendlich davon ab, was mein Boden braucht. Du lieber Himmel! Welche Nährstoffanpassung braucht denn mein Boden? Wie entscheide ich mich für welchen Dünger und für wie viel von jedem? Und wie stelle ich sicher, dass ich nicht von einer Sorte zu viel nehme und damit meinen Boden aus dem Gleichgewicht bringe?

Die beste Methode, um die Bedürfnisse des Bodens zu bestimmen, sagen die Experten, ist es, eine Bodenprobe zur Analyse an ein Labor zu schicken, das mir dann Empfehlungen geben kann. Ich habe noch keine Bodenanalyse machen lassen. Im Herbst hatte ich keine beantragt, und jetzt bin ich zu spät dran. Der Boden ist gefroren, ich kann keine Probe ausgraben. Sobald der Garten taut, muss ich Dünger verteilen und sofort anfangen zu pflanzen. Ich kann nicht zwei oder drei Wochen auf Empfehlungen des Bodenanalyse-Labors warten; die Vegetationsperiode in Alaska lässt mir einfach keine Pufferzeit. Ich muss meinen Dünger jetzt in der Planungsphase zu Beginn des Frühlings kalkulieren und kaufen, um für den Mai gerüstet zu sein. Ich werde mir wohl selbst etwas ausdenken müssen.

Würden die Intelligenzen der Natur mir vielleicht dabei helfen? Wäre den Devas von Gemüse und Boden ein Dünger lieber als der andere? Würden sie mir bestimmte Mengen und Anwendungshäufigkeiten empfehlen? Ohne Bodenanalyse bietet sich mir hier doch die perfekte Gelegenheit, den Boden selbst zu fragen, was er will.

Verwegen eröffne ich ein Beratungsgespräch und frage den Deva des Bodens: "Welchen Bodendünger empfiehlst du für die kommende Gartensaison?"

Ich registriere Fröhlichkeit, aber keine Antwortliste. Der zurückhaltende Deva des Mutterbodens stellt mir eine Gegenfrage: *Was sind deine Ziele? Was versuchst du, zu tun und anzupflanzen?*

"Oh, stimmt. Ich vermute, du musst das wissen, bevor du mir einen Plan vorlegst." Ich stocke, bis ich meine Ziele schließlich in Worte fassen kann:

1. Ich habe vor, gesunde Gemüsesorten, Kräuter und Blumen mit (nicht zertifizierten) ökologischen Methoden anzupflanzen.
2. Ich strebe hohe Erträge an, um
    a. den Haushalt mittels Gemüselagerung durch die Vegetationsperiode bis in den Winter hinein zu versorgen.
    b. einen Überschuss zu haben, den ich gewinnbringend verkaufen kann, um so teilweise meinen Lebensunterhalt zu bestreiten.
3. Ich strebe an, biozertifizierten Dünger in ausgewogenen Mengen zu verwenden, um die Versorgung des Bodens mit Nährstoffen zu optimieren und so eine maximale Gemüseproduktion für Haus und Markt zu gewährleisten.

Gleichzeitig stoße ich auf Machaelle Small Wrights neuestes Buch, *The Perelandra Garden Workbook*. Es ist ihr Lehrplan für spirituelles Gärtnern, und ich stürze mich auf ihre Schritt-für-Schritt-Anleitung zur Düngerwahl.

Zuerst liste ich die Gemüsepflanzen, Kräuter und Blumen auf, die ich dieses Jahr anbauen will. Ich zeichne einen Gartenplan und notiere darauf den Standort und die Mengen jeder Pflanzensorte. Dann liste ich die Düngersorten auf, die dieses Jahr im Fachgeschäft angeboten werden und Stickstoff, Phosphor und Kalium (NPK) enthalten:

Stickstoffquellen (N)
- Blutmehl
- Fischmehl
- Baumwollsamenmehl

Phosphorquellen (P)
- Knochenmehl
- Fischgrätenmehl
- Kalziumphosphat

Kaliumquellen (K)
- Grünsand
- Kelpmehl
- Sul-Po-Mag
- Kaliumsulfat

Ich nehme Fay in Anspruch, um mir beim Einstimmen zu helfen. Wir setzen uns mit unserer Auswahlliste und Stiften hin. Nach Wrights Methode müssen wir einfach die Liste von oben nach unten durchgehen und bei jedem Punkt nach den Vorlieben des Bodens und des Gartens fragen. Wir sollten ein Ja oder Nein erkennen können. So sollen wir eine maßgeschneiderte Düngerempfehlung erhalten.

Also dann, an wen richten wir unsere Fragen? An den Deva des Gartens? An jedes einzelne Gemüse? An den Deva des Bodens? An den Landschaftsengel? Wir einigen uns auf den Deva des Bodens.

Wie stimmen wir uns diesmal am besten auf ihn ein? Wir nehmen uns kurz Zeit, um uns zu erinnern, was bisher anscheinend am besten funktioniert hat. Ah, ja, denke daran, dem Deva mit Bescheidenheit, Respekt und Interesse zu begegnen. Formuliere eine präzise Frage im Kopf oder schreib sie auf. Atme ein paarmal langsam ein und aus und dämpfe die Lautstärke deines inneren Geplappers. Bring dem Wesen, an das du dich wendest, bewusst liebevolle Gefühle entgegen. Fühl dich in den Geist oder die Essenz dieses Wesens ein und verbinde dich damit. Dann warte still und sei offen. Schau dir an, was dir in den Sinn kommt. Vertraue darauf, dass dir geantwortet wird. Sei dir bewusst, dass jeder von uns Mitteilungen anders wahrnimmt, zum Beispiel durch Töne, Melodien, Farben, Erinnerungen, Bilder. Anerkenne alles, was du empfängst, und bedanke dich dafür. Und schließlich tausch dich mit den anderen über die Ratschläge aus und fügt sie zu einem Ganzen zusammen.

Auch wenn du dich fragst: "Denke ich mir das alles nur aus?", notiere es, ohne damit zu hadern. Interpretiere, indem du darüber nachdenkst, was die Symbole und Gefühle für dich bedeuten. Nimm dir eine Weile Zeit, um deine Eindrücke zu sammeln und die Symbolde, Bilder und Gefühle zu deuten. Erwarte Antworten, die bedingungslose Liebe, Urteilslosigkeit, Humor, Direktheit und eine unegoistische Haltung vermitteln.

Wir beginnen. Da wir mit der Kinesiologie-Methode nicht vertraut sind, verwenden wir ein Pendel, um unsere Intuition zu verbessern. Wir freuen uns darauf zusammenzuarbeiten, weil wir so mehr Antworten erhalten und zu einem Ganzen zusammenfügen können. Zu zweit oder auch in einer größeren Gruppe erhalten wir eine Rückversicherung und ausführlichere Details, als das allein möglich wäre. Wir können uns gegenseitig helfen, unsere Eindrücke zu interpretieren.

Wir fragen laut: "Deva des Bodens für unseren Gartenbereich, dürfen wir in bewussten Kontakt mit dir treten?" (Wir warten kurz, bis wir eine Verbindung zu einer soliden, aber verspielten und fröhlichen Präsenz wahrnehmen.) "Würdest du uns einen Ratschlag geben? Wir möchten uns in unserer Gartenarbeit mit dir zusammenschließen. Zu Beginn dieser Saison hätten wir gerne deine Hilfe, welche Düngemittel am besten auf die Bedürfnisse unseres Bodens hier in *Good Earth Gardens* zugeschnitten sind. Hier sind unsere Ziele und eine Liste mit den Pflanzen. Zuallererst: Müssen wir Dünger kaufen, oder können wir den Pflanzen schon mit dem Kompost oder dem Mist genügend Nährstoffe zuführen?"

Deva des Bodens: *Ihr müsst Düngemittel (Zusätze) kaufen. Ihr baut Pflanzen an, die besonders viel Stickstoff verbrauchen; Kompost oder Mist allein kann den Bedarf nicht decken. Außerdem braucht ihr zum langfristigen Aufbau des Bodens eine Mineraliengrundlage.*

Wir bedanken uns und gehen die Düngerliste durch, Punkt für Punkt, angefangen bei biologischen Stickstoffquellen, und bitten um ein Ja oder Nein. Dann fassen wir die Antworten zusammen, die wir empfangen haben. Wir bekommen beide das Gefühl, dass der Deva des Bodens erfreut über unsere Fragen ist. Wir hören ein Ja für Baumwollsamenmehl, Knochenmehl und Grünsand. Diese Kombination liefert dem Boden N, P und K sowie einige Spurenelemente.

Als Nächstes bitten wir den Deva des Bodens, uns Ratschläge zu der Düngermenge zu geben, die die Beete und Pflanzen jeweils benötigen. "Bitte gib uns die Mengen in Pfund pro 9 Quadratmeter durch", bitten wir ihn laut.

Die Methode funktioniert nicht! Wir erhalten Zahlen von 1 bis 20 Pfund. Der Deva ist ein Spaßvogel. Wir müssen das Gespräch beenden, und ich muss für jeden Dünger die durchschnittliche Menge herausfinden. Dann stimmen wir uns noch mal ein und fragen in Teilmengen. "1 bis 3 Pfund Baumwollsamenmehl?" Dann warten wir auf ein Ja oder Nein. "4 bis 6 Pfund?" und so weiter. Meistens empfiehlt uns der Deva des Bodens mehr Pfund pro

Dünger, als die höchsten Angaben in meinem wichtigsten Ratgeber – *How to Grow More Vegetables* von John Jeavons – lauten.

Wir fragen weiter: "Wir sind dir wirklich dankbar für die Empfehlungen, aber im Vergleich zu unseren Ratgebern scheinen sie doch sehr hoch zu sein. Warum?"

Deva des Bodens: *Ah, ihr habt gefragt, wie viel wir gerne hätten, und nicht, was das Minimum ist, mit dem wir über die Runden kommen. Dieser Boden kann Mineralien nicht so gut halten wie andere Böden.*

Ich danke dem Deva überschwänglich, und wir beenden das Gespräch. Es war wirklich hilfreich. Wir haben eine Reihe von maßgeschneiderten, personalisierten Empfehlungen erhalten. Da wir mit dem Herzen zuhörten, statt uns ausschließlich auf das Pendel zu verlassen, konnten wir die vergnügte Persönlichkeit des Devas auch "hören" und seine Wertschätzung für Menschen spüren, die ihn um seinen weisen Rat fragen.

Es war ein erfolgreiches Experiment. Ich liebe es, den Boden direkt zu befragen.

Mit einer Formel im Gepäck gehe ich zuversichtlich den Dünger kaufen und bringe ihn in den von hoher Stelle empfohlenen Mengen aus. Den ganzen Sommer hindurch sehe ich überzeugende Ergebnisse, ich habe durchweg robustes Gemüse, keine Anzeichen von Mineralienmangel in den Pflanzen und reiche Erträge. Wir sind begeistert, wie vollmundig das Gemüse schmeckt, das wir am Tisch genießen, und wie lange es nach der Ernte noch frisch bleibt.

Ich mache aus dieser Düngerwahlmethode eine jährliche Routine. Im Jahr darauf verlangt der Deva des Bodens Fischgrätenmehl als Ersatz für Knochenmehl. Ein Jahr später verlangt der Boden Kalziumphosphat. Wir fragen, warum.

Deva des Bodens: *Weil wir die Spurenelemente im Kalziumphosphat lieben!*

Mit der Zeit werde ich versierter darin, Beete gezielt zu düngen, je nachdem, was dort gepflanzt werden soll. Für jedes Gemüsebeet bitte ich um die spezifische Formel. Die roten Kartoffeln weisen mich beispielsweise an, ihnen mehr Kalium zu geben als den weißen. So eine Empfehlung habe ich noch in keinem Ratgeber gelesen.

Es ist wieder Frühling in *Good Earth Gardens*, und als ich im März mein Planungsgespräch führe, erhalte ich keine neuen Anweisungen zum Thema Stickstoffquellen, so dass ich wie gewohnt Baumwollsamenmehl einkaufe. In meiner Einfahrt türmen sich 23-Kilo-Säcke, alle bereits aufgeschnitten. Aber gerade, als ich anfangen will, den Dünger zu verteilen, werde ich von einer Nachrichtenmeldung überrascht: Baumwollsamenmehl hat sich als Biodünger möglicherweise disqualifiziert.

Oh, oh! Und was jetzt?

Dünger: Rückstände in Baumwolle

Achtung! Wichtige Meldung! Baumwollsamenmehl weist giftige Rückstände auf. Biobauern lehnen diese Stickstoffquelle als Dünger ab.

Der Zeitschriftenartikel zieht mich sofort in seinen Bann. Mein Berg aus Baumwollsamenmehlsäcken steht bereit, um diese Woche im Garten verteilt zu werden. Der Bodendünger hat den Vorteil eines niedrigen Salzgehalts, er ist bezahlbar und ich bekomme ihn in einem Laden vor Ort. Aber in dem Artikel heißt es, dass Baumwolle wahrscheinlich hohe Pestizidrückstände aufweist. Will ich diesen Dünger wirklich weiter in meinem Biogarten verwenden?

Ich lese mehr über Baumwollsamenmehl. Das grobkörnige Pulver wird aus den gemahlenen Samen der Baumwollkapsel gewonnen. Es wird als Eiweißquelle für Nutztiere und als Bodendünger verkauft.

Das Problem ist, dass Baumwolle als Nichtlebensmittel eingestuft ist, weshalb sie sich in den USA zu einer der meistbesprühten Pflanzen entwickelt hat. Auf den Baumwollfeldern kommen sowohl Unkraut- als auch Schädlings- und Pilzbekämpfungsmittel zum Einsatz. Biobaumwolle ist selten und sehr teuer (1989). Im Moment lassen die aktuellen Biovorschriften die Verwendung noch zu.

Ich beginne, mir einige Fragen zu stellen. Mein Baumwollsamenmehl stammt ganz sicher nicht aus biologischem Anbau. Vergifte ich damit meinen wertvollen Boden? Werden die Pestizidrückstände im Dünger von unserem Gemüse aufgenommen und diese Giftstoffe dann an uns weitergegeben, wenn wir es essen? Wird der Dünger den Pflanzen mehr schaden als nutzen? Muss ich mir Sorgen machen? In einem Bodenanalyse-Labor auf Giftmengen testen lassen? Aufhören, es zu verwenden? Es ignorieren und auf das Beste hoffen?

Okay. Ich will die Wahrheit wissen. Ich will eine Autorität befragen. Ich will keine Auskünfte von Behörden. Ich will ein Gespräch mit dem ultimativen Experten, dem Boden in seiner Weisheit selbst. Ich schnappe mir meine Mitstreiterin Fay als Rückversicherung, und wir verbinden uns mit dem Deva des Bodens. Wir erwarten ein einfaches Ja oder Nein. Aber es kommt anders.

Ellen und Fay: Deva des Bodens, ist Baumwollsamenmehl wegen der Pestizidrückstände ein ernsthaftes Problem für *Good Earth Gardens*? Können sich schädliche Pestizide anreichern und die Bodenorganismen und/oder die Menschen schädigen, die unser Gemüse essen?

Deva des Bodens: (Wir erhalten keine direkte Antwort. Wir verlegen uns darauf, eine andere Frage zu stellen.)

Ellen und Fay: Können die Naturgeister die negativen Auswirkungen der Pestizide verringern oder neutralisieren?

Deva des Bodens: (Immer noch keine klare Antwort. Wir versuchen es anders.)

Ellen und Fay: Nun, was würdest du als Ersatz-Stickstoffquelle vorziehen, vielleicht Fischmehl, Fischgrätenmehl, Blutmehl oder *etwas anderes*?

Deva des Bodens: (Wir empfangen die Antwort *etwas anderes*.)

Ellen und Fay: Jetzt wissen wir nicht mehr weiter. Was empfiehlst du denn?

Deva des Bodens: *Statt an Ersatzmittel zu denken, konzentriert euch auf eure Gesinnung und eure Absicht. Beides ist überaus wichtig. Wenn ihr glückliche, lachende, liebevolle und segnende Schwingungen aussendet, sind sie genauso wichtig wie irgendein Bodendünger, den ihr verteilt.*

Umgekehrt wird aber auch, wenn jemand Gefühle wie Sorgen ausstrahlt, dies direkt in den Boden übertragen. Sorgen helfen gar nicht. Wenn ihr euch Sorgen macht, welcher Dünger der "richtige" ist, dann bedeutet das, dass ihr euch in puristischen Debatten und Perfektionismus verfangt.

Die Wahrheit ist: Es gibt keine perfekte Antwort. Jeder Dünger hat leichte Vor- und Nachteile. Alle sind nah dran – nah genug. Alle sind Entscheidungen in die positive Richtung, nämlich, mit der Natur zu arbeiten.

Ellen: Du sagst mir also, dass ich mir mit dem Spiel "Alles muss perfekt sein" selbst ein Bein stelle. Aha! Ich wäre nie darauf gekommen, dass die Gesinnung wichtiger ist als die Wahl des Düngers.

Deva des Bodens: *Bitte versteht, dass es weitaus wichtiger ist, den größeren Zusammenhang zu sehen. Seid darüber erhaben, nach der perfekten Antwort zu suchen. Seht zu, dass eure Liebe und Begeisterung euch zu ökologischen, lebensbejahenden Methoden hinführt. Lebt sie. Sät sie.*

Ihr habt beharrlich nachgefragt, ob es bessere Alternativen für eure Dünger gibt, deshalb werde ich euch einen Vorschlag machen. Überlegt euch einmal, Gründünger zu verwenden, um die Ergiebigkeit zu erhöhen.

Gründünger? Aus meiner Lektüre weiß ich, dass es sich bei Gründünger um Pflanzen wie Roggen, Klee und Buchweizen handelt. Sie werden eigens dafür gesät, um gemäht und sofort untergepflügt zu werden. Während die gehäckselten Grünpflanzen im Boden verrotten, bauen sie das organische Material wieder auf, führen ihm Nährstoffe zu und ernähren die Mikroorganismen.

Ich habe noch nie mit Gründünger gearbeitet, aber jetzt glaube ich fast, dass ich es einmal versuchen sollte.

Der Deva des Bodens beobachtet mich wohl beim Denken, dann fährt er fort: *Gründüngung ist so, als würde man Kompost an Ort und Stelle herstellen! Ob lebendig oder tot, die Pflanzenschicht bewahrt den Boden vor Erosion durch Wind und Wasser und imitiert praktisch die Natur, die kahlen Boden verabscheut. Aber nochmals, welche Düngemethode ihr auch anwendet, denkt immer daran, wie wichtig die persönliche Gesinnung und die Energie sind, die ihr dabei ausstrahlt.*

Daraufhin vertiefe ich mich in weitere Nachforschungen über die Gründüngung. Ja, es handelt sich um Pflanzen, die gesät werden, um geschnitten und direkt wieder in den Boden eingearbeitet zu werden. Sie sind nicht zur Ernte, zum Verzehr oder zum Verkauf bestimmt. Sobald sie unter der Erdoberfläche verschwunden sind, explodieren praktisch die Mikroorganismen des Bodens und tun sich an dem frischen, zarten Pflanzenmaterial gütlich. Die Mikroben im Nahrungsnetz des Bodens stürzen sich auf die Gelegenheit, den jungen Gründünger zu zersetzen. Dadurch entsteht mehr Humus.

Während die mikroskopisch kleinen Wundertäter die angesammelten Mineralien zu Obererde recyceln, verwandeln sie außerdem die Nährstoffe in Formen, die für die kommenden Pflanzen gut verfügbar sind. Wenn es sich bei dem Gründünger um Hülsenfrüchte handelt, zum Beispiel um ein Mitglied der Bohnen-, Klee- oder Erbsenfamilie: bingo! Sie sorgen praktisch für einen hohen Stickstoffgehalt – direkt vor Ort. Und das alles kostenlos!

Das alles hört sich für mich nach einer rückenschonenden Strategie an. Gründüngung recycelt, remineralisiert und produziert sogar noch Nährstoffe, ohne dass man Dünger kaufen und verteilen muss. Gründüngung regeneriert organische Substanzen, ohne den Komposthaufen umdrehen und Schubkarrenladungen verteilen zu müssen. Gründüngung bewahrt den aktiven Bestand an Mikroben in meinem Boden, was in jedem Fall ja mein Ziel ist.

Dem Himmel sei Dank! Strategien wie diese sind für erfahrene Landwirte wahrscheinlich ein alter Hut, aber für mich als Anfängerin sind sie etwas Neues. Ich bin einfach nur begeistert von dieser einfachen, kostengünstigen und effektiven Strategie, die Bodenfruchtbarkeit zu erhalten. Einige Planung wird es allerdings brauchen. Es wird knifflig sein, die Gründüngung in die hiesige sehr kurze Vegetationsperiode einzubauen. Das Gemüse braucht jede Minute Wärme und Sonne, bevor die Bodentemperatur wieder fällt und nicht einmal mehr Gründüngerpflanzen keimen und wachsen.

Wie könnte ich zu diesem Zweck die einzelnen Gärten abwechseln, wie viel würde die Gründüngung aus der Produktion nehmen? Könnte ich "lebendigen Mulch" entlang oder gar unter vorhandenen Gemüsereihen verteilen? Dieser Deva bringt mich auf eine Menge Gedanken und Überlegungen.

An meiner Gesinnung muss ich derweil auch noch arbeiten. Es ist Zeit, meine nagenden Ängste durch eine dankbare, freudige Einstellung zu ersetzen. Tatsächlich muss ich mir sogar erlauben, dann und wann auch einmal zu scheitern, wenn ich mit Gründünger und dem richtigen Timing experimentiere.

Dünger: Blutvergießen ... in meinem Garten?

Gratis-Blut für Ihren Hof oder Garten

Der Rundbrief der bundesstaatlichen Landwirtschaftsabteilung springt mir ins Auge. "Dieses Produkt ist hervorragend zur Düngung von Feld und Garten geeignet. Rufen Sie uns an: Mt. McKinley Meat and Sausage Company."

Ich soll frisches Blut herschaffen und in meinem Garten verspritzen – direkt aus dem Schlachthof in Palmer? Irgendwie hört es sich grausig an. Andererseits will ich ja alles daran setzen, den Boden aufzubauen und nicht auszulaugen. Was befindet sich denn in diesem kostenlosen Blut aus dem Schlachthof? Der Vertreter der *Cooperative Extension* zeigt mir die Mineralienanalyse. Das frische Blut ist reich an Spurenelementen wie Kupfer, Zink und Eisen, außerdem hat es einen hohen Gehalt an Kalium, Kalzium und Magnesium. Das alles wäre den Pflanzen sehr zuträglich.

Ich bin überrascht, dass die Analyse nicht zwölf Prozent Stickstoff ergeben hat, da das der Stickstoffgehalt in einem Sack Blutmehl ist. Das frische, flüssige Blut ist eher reich an Kalium als an Stickstoff. Interessant. Vielleicht könnte ich das Gratis-Blut als Ersatz für meinen Kaliumdünger nehmen, statt 125 Dollar für die diesjährige Düngung mit Grünsand hinzublättern (250 Dollar für 23 Kilo). Meinem Budget würde es sicherlich gut tun.

David Wright, ebenso Biogärtner, ist ein begeisterter Befürworter von Blut als Dünger. Er hat mit einem Schlauch ohne Düse Schlachthausblut auf seine Wiese gepumpt. Das war vor drei Jahren, und er kann noch immer sehen, was das Blut bewirkt hat. Gut sichtbare, leuchtend grüne Reihen, die in lebhaftem Kontrast zu dem kürzeren, stumpferen Gras drumherum stehen, das kein Blut abbekommen hat.

David überzeugt mich. Noch dazu würde ich ja ein lokales Abfallprodukt recyceln. Der Leiter des Schlachthofs sagt, das Blut völlig sei völlig sicher und krankheitsfrei. Ich solle mir nur am Ende die Hände waschen.

Ich kaufe eine kleine Pumpe, ziehe mir Gummistiefel und Regenanzug an und fahre rüber zu dieser Blutbank für Gärten. Der Schlachthof stellt mir einen Großtank zur Verfügung, der auf meinen Pick-up geladen wird. Ich befördere die stinkende rote Flüssigkeit nach Hause. Mithilfe der Pumpe versprühen mein hilfsbereiter, unempfindlicher Freund Bob Jones und ich den Inhalt des Tanks nach Maß über jedem Beet.

Da niemand sonst den Tank benötigt, schaffe ich noch weitere Ladungen nach Hause. An unserem ersten Tag haben wir ein Drittel des Gartens fertig besprüht. Da die anderen Bodendünger bereits verteilt sind, bearbeite ich die Abschnitte, auf denen ich das Blut verteilt habe, am Ende des Tages mit einer Bodenfräse. Der Geruch verschwindet innerhalb weniger Stunden. Ich werde jetzt richtig begierig darauf, mit dem Pflanzen zu beginnen, sobald die schweißtreibende Arbeit im Regenanzug beendet ist.

Am nächsten Morgen schaue ich mich um und halte plötzlich inne. Was habe ich da bloß unwissentlich in den Garten geholt? Trägt das Blut die Energien der Schlachthofumgebung in sich? Was habe ich von der Behandlung der Schlachttiere hier eingeschleust, von Schlachtstraße, Tod und Gefangenenarbeit?

Habe ich Reste von Negativität hier abgeladen? Läuft das meiner Philosophie des spirituellen Gärtnerns zuwider? Was haben die Devas dazu zu sagen? Heute ist ein Glückstag, weil Jeff Richardson zu Besuch ist und auch Fay zu Hause ist. Sie bieten mir an, mir behilflich zu sein.

Also dann, wen fragen wir? Bitten wir darum, zum Blut zu sprechen? Zum Deva des Bodens? Zum Gartenengel? Oder zu Gott? Ach verflixt, laden wir sie doch einfach alle zu dieser Konferenz ein!

Fay, Jeff und Ellen: Beratende Devas, ist das Blut aus dem Schlachthof hier gut als Dünger geeignet?

Devas: *Oh ja. Boden und Pflanzen freuen sich darüber. Es vervollständigt den Kreis. Das Vieh fraß die Pflanzen, die aus dem Boden kamen. Jetzt können diese Nährstoffe aus dem Tier wieder in den Boden zurückkehren.*

Ellen: Sind im Blut negative Energiereste vorhanden, die ich vielleicht entfernen könnte?

Devas: *Ja, das wäre zu erwägen.*

Ellen: Wie kann ich das am besten bewerkstelligen?

Devas: *Wenn du mit dem Pick-up auf die Einfahrt fährst, wende eine Routine ähnlich dem Perelandra-Energiereinigungsritual* an. Hierdurch werden die unerwünschten Energiereste beseitigt.*

Ellen: Ach ja, der Prozess, in dem ich visualisiere, dass ich ein riesiges Filtertuch aus göttlichem Bewusstsein unter den Pick-up mit dem Bluttank lege. Dann bitte ich euch, mir zu helfen, den Energiefilter durch den Pick-up hochzuziehen, um alle Reste negativer Energie einzufangen. Ich stelle mir vor, dass ich das Tuch

---

*Anmerkung: Eine Zusammenfassung des Energiereinigungsrituals befindet sich in Anhang 3.

über die Aura des Tanks hebe, die Reste der negativen Energie mit dem Tuch umhülle, es zusammenschnüre und es dann zur Umwandlung Gott übergebe. Okay, das kann ich. Gibt es sonst noch etwas Hilfreiches, das ich wissen oder tun sollte?

Devas: *Ja, wenn ihr das Material verteilt, segnet jedes Beet. Dankt den Tieren dafür, dass sie ihr Leben hingegeben haben. Dankt dem Zyklus der Fortpflanzung. Haltet eure Absichten und Gedanken rein.*

In den nächsten drei Tagen schaffe ich immer neue Ladungen her. Die Anlieferungen und Reinigungsrituale klappen gut, bis - ups! An diesem letzten Morgen sprühe ich das Blut zum Abschluss eifrig auf die Himbeerbeete, den Rasen, ein paar Bäume und den Vorgarten, als mir einfällt, dass ich bei einigen Tankladungen die Energiereinigung vergessen habe. Oh, oh.

Ellen: Deva-Team, was mache ich denn jetzt?

Devas: *Stell dir vor, dass du das Filtertuch unter deinem Land ausbreitest.*

Ellen: Wo ich das Blut verteilt habe oder auf dem gesamten Grundstück?

Devas: *Nimm die Grundstücksgrenzen, um alles mit einzuschließen, da du dich nicht immer daran erinnern kannst, welche Ladung du ohne Energiereinigung verteilt hast.*

Ellen: Ah, ja, das ist wahr. Nach so vielen Ladungen komme ich einfach durcheinander.

Devas: *Lass das Tuch den ganzen Tag dort unten. Heb es heute Abend auf. Bitte Gott, die Energie in der richtigen Weise zu beseitigen.*

Ich merke mir, vor dem Zubettgehen die Reinigungsprozedur zum Abschluss zu bringen. Endlich kann ich aussäen und den schön zurechtgemachten Boden bepflanzen. Dann sehe ich mir die Entwicklung im Laufe der Saison an. Wird sich das Blut als genauso wirkungsvoll erweisen wie Biodünger? Als die Pflanzen

Fuß fassen, frage ich bei ihnen und dem Deva des Bodens nach. Sie berichten, dass sie die zusätzlichen Spurenelemente lieben und über ausreichend Kalium verfügen. Ich bin erfreut. Der Preis ist in Ordnung (kostenlos mit Selbstabholung), und das System mit dem transportierbaren Tank ist so einfach, dass ich es jeden Frühling so machen kann.

Wenn ich nur immer rechtzeitig an das Reinigungsritual denke ...

Kunstdünger: Geht Granulat in Ordnung?

Ups! Aua! Verflucht! Das ist jetzt das dritte Mal, dass ich über den offenen Sack Kunstdünger stolpere! Er stammt noch aus der Zeit, als ich in *Anchorage* mit Rasenpflege mein Geld verdient habe. Der Düngersack enthält einen NPK-Anteil von 8-32-16*. Schön. Die übliche Zusammensetzung für den allgemeinen Gebrauch, und ich will ihn aufbrauchen. Es sind noch höchstens drei Liter im Sack. Es wird Zeit, ihn irgendwo zu entleeren.

Wo sollte er am besten hin? Welcher Rasenabschnitt, welche Bäume, Sträucher oder welcher Gartenbereich hätte ihn am liebsten? Ich stimme mich ein, um danach zu fragen.

Die Antwort? Ich bekomme Schweigen. Ein völliger Mangel an Begeisterung. Das muss wohl "nein" bedeuten. Ich überprüfe die Bereiche einen nach dem anderen. Nein von der Begrünung. Nein vom Rasen. Nein von den Bäumen. Nein vom Garten. Nein von den Komposthaufen. Niemand will ihn. Nada. Nicht einmal

---

Anmerkung: Dies ist eine verbreitete Düngerformel. Die US-amerikanische Kennzeichnung bedeutet, dass der Sack 8 Prozent N, 32 Prozent P und 16 K enthält.

dieses kleine Bisschen. Kein Bereich der Landschaft will etwas damit zu schaffen haben.

Aber wieso nicht? Eine so winzige Menge!

Erst Jahre später erfahre ich den Hauptgrund. Das Kalium aus dem synthetisierten NPK-Gemisch (Stickstoff-Phosphor-Kalium) ist normalerweise Kaliumchlorid. Das bedeutet, dass es etwa aus 50 Prozent Chlorid und 50 Prozent Kali besteht. Das Chlorid wirkt wie ein Bleichmittel und tötet die meisten nützlichen Mikroorganismen im biologischen Nahrungsnetz des Bodens ab. Aber die Mikroben sind unerlässlich, um Mineralien und organische Stoffe in die richtige Form umzuwandeln und diese Nahrung dann den Pflanzenwurzeln zur Verfügung zu stellen.

Hier stehe ich nun in *Good Earth Gardens* und sinne darüber nach, wie ich diesen Überrest konventionellen Dünger loswerden kann. Er ist die tragende Säule der modernen Landwirtschaft. Unmengen von Gartenbau-Ratgebern empfehlen ihn für jedermann. Experten für Gartenbau, Agrarwirtschaft, Landschaftsbau und Rasenpflege verschreiben alle regelmäßig diese Sorte Dünger. Aber nicht ein Pflanzen-Deva im Garten hat zustimmend genickt. Diese Wesen sagen einstimmig: "Nein, danke!"

Ich frage mich, was wir Menschen sonst noch nicht verwenden würden, wenn die Natur darüber abstimmen könnte.

Pfui. Ich werde ihn meinem Nachbarn schenken, einem Chemikalienfreund, der das Zeug ohnehin regelmäßig kauft.

Kompostieren: Asche als Zusatz?

Manche Leute backen gerne Brot. Ich liebe es, Komposthaufen entstehen zu lassen. Es ist meine liebste Form des "Gartensports". Ich fordere mich selbst dazu heraus, nach der Hitzemethode einen Berg anzuhäufen, der sich erst erhitzt und dann herunterkocht. Mein Training besteht darin, ein Drittel Grünmaterial auf zwei Drittel Braunmaterial zu schichten und jede Schicht gut zu wässern. Ich messe die Temperatur des Komposthaufens und drehe ihn regelmäßig um. Immer wieder staune ich ehrfürchtig über die Verwandlung des Berges in fetten, dunkelbraunen, fertigen Kompost – innerhalb von sechs bis acht Wochen.

Ich bin also eine passionierte Schnorrerin. Ich habe einen Ruf als Königin des Komposts. Ich bin ständig auf der Suche nach sogenanntem "Abfall". Wenn ich irgendwo an der Bordsteinkante weggeworfenes gemähtes Gras, Blätter oder verdorbenes Heu erblicke, bin ich wie ein English Setter, der frischen Vogel riecht – ich schnappe zu. Her mit dem Abfall, er wird meine Komposthaufen bereichern! Schau mal da drüben – noch mehr Festessen für den Kompost. Kann ich das zerrissene, entsorgte Büropapier da am Straßenrand haben? Wie wäre es mit dem zusammengeharkten Berg flauschigholziger Blütenkätzchen, die von den Pappeln gefallen sind?

Und was ist eigentlich mit dem Abfalleimer voller Asche, den ich gerade aus unserem Holzofen geholt habe? Wäre Asche auch gut für den Komposthaufen?

Meine Holzasche enthält ganz sicher große Mengen an Mineralien. Aber ich weiß auch, dass Asche mit Wasser Lauge ergibt – und das bedeutet, dass Asche die Erde zu alkalisch machen könnte. Wenn ich nur ein bisschen Asche auf meine Komposthaufen geben würde, wäre das am Ende nahrhaft für die Pflanzen? Ich will, dass der Kompost meinem Gemüse ideale Wachstumsbedingungen bietet. Ich will, dass er so viele Mineralien wie möglich enthält, damit mein Boden ertragreich ist.

Wie viel Asche ist also angebracht? Wie viel ist zu viel? Wie kann ich sichergehen, dass ich keinen Schaden anrichte, indem ich zu viel Asche verteile und damit den pH-Wert aus dem Gleichgewicht bringe?

Ich bin ratlos. Meine Bücher bieten mir kaum Hilfe in diesem Fall. Es ist wohl wieder einmal ein Beratungsgespräch mit dem ultimativen Experten, dem Bewusstsein des Bodens, vonnöten.

Ich hole wieder Fay mit dazu. So langsam bekomme ich zwar Vertrauen in meine Fähigkeiten, aber ich liebe die Detailgenauigkeit und die Synergie, wenn wir zwei oder mehr mit vereinten Kräften zusammenarbeiten. Fay und ich rufen den Deva des Bodens an. Dieses Wesen fühlt sich stets sehr mächtig an. Gleichzeitig ist es aber auch nah und vertraut, wie ein Freund, mit dem man immer reden kann.

Wir stellen problemlos den Kontakt her. "Hallo, Deva des Bodens. Wir bitten wieder einmal um deinen weisen Rat. Wie wäre es, wenn ich Asche auf meine reifenden Komposthaufen gebe?"

Deva des Bodens: *Ja, deine Holzasche ist ein hervorragender Mineralien-Booster für deine Komposthaufen.*

Fay und Ellen: Großartig! Ist jede Art von Holzasche geeignet?

Deva des Bodens (Fay und ich tauschen die Eindrücke aus, die wir erhalten haben. Wenn wir sie zu einem Ganzen zusammenfügen, lautet die Interpretation im Wesentlichen): *Nimm in jedem Fall nur Bäume als Brennstoff, keine giftigen Stoffe wie Plastik, Müll, Batterien, behandeltes Holz, farbiges Papier und Glanzpapier. Das würde gefährliche Rückstände hinterlassen. Außerdem gelangen durch ihre Verbrennung giftige Substanzen in die Luft, die wir atmen.*

Fay und Ellen: Ah, gut. Wir wollen die Luft oder den Boden nicht verschmutzen. Wir sind sehr wählerisch, welches Papier wir mit dem Brennholz in unserem Holzofen verbrennen. Wir lehnen es ab, Müll zu verbrennen. Könntest du uns etwas zu der Menge pro Komposthaufen sagen? Wir wollen nicht das Säure-Basen-Gleichgewicht im Komposthaufen stören. Wir wollen das Endprodukt nicht verschlechtern oder die Bodenprozesse oder unsere Pflanzen schädigen.

Deva des Bodens (eifrig und vertrauensvoll): *Die Naturgeister werden euch gerne helfen. Sie können die richtige Menge Asche für jeden neuen Komposthaufen bestimmen und dann unterheben.*

Ellen: Naturgeister? Meinst du diese fröhlichen, aber weisen "kleinen Leute"? Diese im *Findhorn-Garten* beschriebenen Wirbelwinde, die die Bäume pflegen, Blütenblätter öffnen und Energien übertragen?

Deva des Bodens: *Ja, sie sind hier. Ihr habt bisher nur noch keinen direkten Kontakt mit ihnen gehabt.*

Ellen: Nun, wir würden ihnen gerne begegnen und mit ihnen zusammenarbeiten. Wie können wir das tun?

Deva des Bodens: *Sprenkelt eine gleichmäßige Schicht Asche, nicht zu dick, über den gesamten Komposthaufen. Etwas weniger an den Kanten. Streut sie wie Puderzucker auf einen Donut. Die Naturgeister werden von oben nach unten arbeiten und die Asche durch den ganzen Komposthaufen hindurch schaufeln und damit vermengen. Es ist wichtig, dass Ellie darauf achtet, nicht zu viel Asche darauf zu geben. Bedecke nur die*

Oberfläche des Komposthaufens, aber nur mit einer Prise, nicht so dick wie Zuckerguss.

Ellen: Worum soll ich dabei bitten?

Deva des Bodens: *Ruf die Naturgeister und mich an. Stell deine Energie zur Verfügung. Bitte darum, dass das Team genügend Asche in den Komposthaufen einarbeitet, um ihm die gewünschten Mineralien zuzuführen, ohne dabei das pH-Gleichgewicht zu stören. Erkläre, dass dein Ziel ein pH-Wert ist, der das Wachstum der Gartenpflanzen optimiert.*

Fay und Ellen: Das ist alles? So einfach ist das? Wunderbar! Vielen, vielen Dank!

Achtung!

Wenn Sie zufällig vorbeikommen, wenn ich gerade damit fertig bin, Rohmaterial zu siebeneinhalb Hektolitern organischem Kompostmaterial aufzuschichten, dann könnte es sein, dass Sie mich verstohlen diese Beschwörungsformel murmeln hören. Ich will niemandes Aufmerksamkeit erregen. Daraufhin werden Sie sehen, wie ich vor Freude kichere, weil sich das Team so beschwingt an die Arbeit macht. Für die Naturgeister ist es ein Spiel, sie lieben es, kreativ zu sein und Witze zu machen, während sie die Asche mit dem Komposthaufen vermengen.

Ich sehe/fühle sie oft vor meinem geistigen Auge, wie sie mit ihren Schäufelchen geschäftig die Asche unter das organische Material heben. Manchmal nehme ich auch wahr, wie sie die Asche mit Bohrern hineinbefördern oder den Komposthaufen mit Fegern auflockern, damit sich alles gut vermischt. Der ganze Prozess dauert drei bis sechs Minuten.

Ich lache noch eine Weile weiter und vergesse dann völlig, meine Stimme zu dämpfen, wenn ich rufe: "Danke, Jungs! Das ist sagenhaft! Ihr seid wunderbar! Die besten Wünsche an euch alle!"

Seien Sie also gewarnt, wenn Sie exzentrische Gärtner wie mich erblicken, die jubelnd vor ihrem Komposthaufen auf und ab hüpfen. Bitte rufen Sie nicht beim psychiatrischen Notdienst an!

Devas und Naturgeister: Ein Who's who

Diese Naturgeister machen wirklich Spaß. Ich finde, dass eine Freundschaft mit ihnen äußerst lohnenswert wäre. Aber wer sind sie eigentlich genau? Was sind Devas, und wie unterscheiden sie sich von den Naturgeistern?

Die Findhorn-Gemeinschaft war wegbereitend darin, die liebevollen, intelligenten Wesenheiten der Natur zurate zu ziehen. Aber wen oder was kontaktierten sie? Sie nannten es eine Art göttliches Bewusstsein. Wenn sie mit der geistigen Entität sprachen, die für eine Erbsensorte oder eine Insektenart zuständig war, nannten sie diese einen *Deva*. Dieser Sanskrit-Begriff bedeutet "Wesen des Lichts". Ein Deva ist der Engel einer Pflanze, eines Tieres oder eines Minerals.

Die Begründer von Findhorn arbeiteten aber auch noch mit anderen Energiewesen zusammen, die sie die Naturgeister nannten.

Wer ist wer? Ich will ein Gespräch! Ich beschließe, meine Fragen diesen Wesen direkt zu stellen:

Ellen: Was kann ich mir unter einem Deva genau vorstellen?
Antwort: *Wir Devas stammen aus dem Engelreich. Wir richten unsere Energie darauf, die physische Form von etwas*

zu erzeugen und zu wahren, etwa von einem bestimmten Edelstein oder einer Kräuter- oder Vogelart. Für jede Form gibt es einen von uns, jede Form hat ihre bewusste Energie. Stell dir uns als Engel vor, denen eine bestimmte Aufgabe zugeteilt ist. Jeder Engel lenkt die Kraftfelder, richtet die Masse der Moleküle aus und ordnet die Materie bewusst so an, dass sie zum Beispiel als Orchidee oder Rentier in Erscheinung tritt. Wir Devas haben unterschiedliche Energien und Persönlichkeiten, aber wir alle spiegeln die bedingungslose Liebe und das urteilslose Wesen der Schöpfers wider.

Ellen: Ich verstehe. Mit wem rede ich dann also, wenn ich mich an eine Birke wende?

Antwort: *Du bist im Kontakt mit einem Deva oder dem kollektiven Bewusstsein dieser Art der Birke. Wenn du dich an den Deva der Papierbirke wendest, dann stehst du in Verbindung mit allen Papierbirken der Welt. Du stehst im Kontakt mit dem gesamten Gedächtnis und der gesammelten Erfahrung und Weisheit aller Papierbirken-Individuen der Vergangenheit und Gegenwart. Du kannst auch mit dem Geist eines individuellen Baumes kommunizieren, als Untergruppe des Devas dieser Art.*

Ellen: Okay, danke für deine Erläuterungen. Ich habe gelesen, dass Dorothy Maclean sogar auch Devas von Maschinen, Gebäuden, Landschaften, Städten und Nationalitäten erkannte. Jeder hat einen Geist oder ein Bewusstsein. Jeder kann kontaktiert werden. Im *Perelandra Garden* erweitert Machaelle Small Wright diesen Prozess auf die Zusammenarbeit mit den Devas von Projekten, Organisationen, Konzepten und sogar Autobahnen. Ich lerne gerade, dass ihr nicht auf Tiere, Pflanzen und Mineralien beschränkt seid.

Also, Naturgeister, wer seid ihr?

Antwort: *Ah, wir sind ein anderer Aspekt der Natur. Wir stammen aus dem Elementarreich, und wir entwickeln uns genau wie die Menschen immer weiter. Wir Naturgeister sind diejenigen, die sich freudig um die Energieströme, -vorgänge und -funktionen kümmern. Wir lenken die energetischen Prozesse. Während die Devas Energie bündeln, um eine Form wie etwa einen Baum zu wahren, pflegen die Naturgeister die Bäume. Die Devas haben den Bauplan inne, wir hingegen führen diese Muster auf der physischen Ebene aus. Wir sind die Kräfte der Energieübertragung.*

Wir Naturgeister wachen über die Photosynthese, das Aufgehen der Blüten und viele andere Formen des Energieaustauschs auf verschiedenen Ebenen. Manchmal werden wir auch als Elementarwesen, Gnome, Heinzelmännchen, Wassernymphen, kleine Leute, Elfen, Feen, Kobolde und so weiter bezeichnet. Eure Künstler haben uns auch schon als kleine Männchen in Lederhosen abgebildet. Allerdings würden wir Naturgeister lieber nicht durch Gedankenformen eingeschränkt oder begrenzt werden. Wir betonen, was du von Findhorn gelernt hast: Sieh uns als Energiewirbel vor dir.

Ellen: Ja, vielen Dank! Die Geschichten über euch Naturgeister haben mich wirklich gefesselt, vor allem wie ihr direkt Robert Ogilvie Crombie (genannt ROC) erschienen seid. Ein zwergenähnliches Wesen namens Kurmos war zu ROC nach Hause gekommen und hatte gefragt: "Warum sammelt ihr Menschen Bücher, wenn doch alles Wissen frei verfügbar ist?" Pan, der große Aufseher der Natur, erschien ROC halb als Mensch, halb als Ziege und verlangte zu wissen: "Warum habt ihr Menschen Angst vor mir und verfolgt mich?"

Ich habe gelesen, dass ROC den Bewohnern von Findhorn beibrachte, mit diesen außergewöhnlichen Wesen zusammenzuarbeiten. Er sagte, dass ihr Naturgeister erfreut wart, dass man euch um Rat fragte nach so vielen Jahrhunderten, in denen ihr nicht beachtet oder verleumdet worden wart. Auch der Autor Marco Pogacnik schreibt Wunderbares über eure vielen Facetten und eure großartigen Dienste an der Erde. Ist das alles immer noch so?

Antwort: *Ja, wir verbreiten Freude, Weisheit, Macht und hervorragenden Rat. Wir sind sehr alt und sehr erfahren. Genau* wie die Devas wirken wir Elementarwesen mit derselben bedingungslosen Liebe wie der Schöpfer. Als Naturgeister haben wir Hierarchien und Befehlsketten, aber niemals als Wettbewerb, aus egoistischen Gründen oder zum individuellen Vorteil. Wir arbeiten zum Wohle der gesamten Schöpfung.

Wie die Devas mischen wir uns nicht in menschliche Entscheidungen ein und beurteilen sie auch nicht. Manchmal können wir Naturgeister emotionaler sein als die Devas. Schließlich sind wir den Menschen sehr nah und damit auch den Folgen eurer Entscheidungen. Manchmal sind wir dem Tun von Menschen, die das Wohl des Ganzen unterminieren, feindlich gesinnt.

Genau das geschah in Findhorn, als die Bewohner ihre Intuition ignorierten und den blühenden Ginster trotzdem zurückschnitten. Wir Naturgeister traten in den Streik, bis es eine Entschuldigung gab. Aus einigen Bereichen mussten wir unsere Energien leider komplett zurückziehen, nämlich dort, wo wir schonungslos missbraucht und nicht wertgeschätzt worden sind.

Wisse, dass nichts die Naturgeister glücklicher macht, als von Menschen zurate gezogen zu werden. Wenn die Menschen wirklich harmonisch mit uns zusammenwirken wollen, dann helfen wir sehr gerne. Bittet uns nur weiter um Unterstützung. Wir helfen wirklich gern!

Ellen: Das ist wunderbar! Eure Bereitschaft, mit uns Menschen zusammenzuarbeiten, trotz unserer Ignoranz und Arroganz, ist wirklich erstaunlich. Ihr Naturgeister habt mich jedes Mal davon überzeugt, als ich mich an euch gewandt habe. Ihr habt mir geholfen, den Untergrund mit einem *Perelandra Soil Balancing Kit* ins Gleichgewicht zu bringen. Ihr habt mir geholfen, einen Klärtank zu reinigen. Ihr habt sogar eine gefährliche Substanz neutralisiert, die ich versehentlich verschüttet hatte. Ihr seid fröhliche, fähige, liebevolle und energiegeladene Persönlichkeiten!

Ich habe gelesen, dass einige große Intuitive (Geoffrey Hodson, Rudolf Steiner, Penny Kelly) festgestellt haben, dass einige Naturgeister in ihrem Wissen und ihrer Entwicklung noch jung sind, andere wiederum älter und wesentlich erfahrener.

An wen soll ich mich also mit meinen Fragen wenden – an einen Deva oder an einen Naturgeist? Oder an beide? Wer hat das Sagen in einer bestimmten Situation? Wen lade ich zum Gespräch ein? Ich bin mir nicht immer sicher, ob ich einen Deva von einem Naturgeist unterscheiden kann.

Antwort: *Leg einfach los, und stell deine Frage. Wir sind nie beleidigt, wenn wir außen vor gelassen werden. Wir freuen uns einfach, dass du fragst. Du erhältst eine Antwort vom großen, allumfassenden Einen. Wahrheit ist Wahrheit, ob sie von einem Deva oder einem Naturgeist oder irgendeiner Kombination daraus kommt. Wir sind keine Rivalen oder Egozentriker. Wir sind nur froh, um Rat gefragt zu werden.*

Ellen: Das ist gut zu wissen. Ich kann mich erinnern, dass Machaelle Small Wright vom *Perelandra Garden* dieses Dilemma ganz einfach löst. Sie nennt euch alle einfach **Naturintelligenzen**. Auch Nathaniel Altman findet eine definitive Abgrenzung von Naturgeistern und Devas schwierig. In seinem Buch *Der Zauberkreis der Devas* teilt er sie pauschal in die Deva-Kategorie ein. Er betont, dass es wichtig ist, einfach empfänglich für die devische Energie oder den devischen Kontakt und für die wunderbaren Veränderungen zu sein, die man mit dieser Offenheit und Achtung erleben kann.

Nochmals vielen Dank an euch alle, Devas und Naturgeister, die ihr für dieses Gespräch zusammengekommen seid. Die besten Wünsche für uns alle und für die Bemühungen der Menschen, mit euch zusammenzuarbeiten. Ich beende dieses Gespräch und danke euch sehr.

Während ich all diese Informationen verdaue, stelle ich fest, dass ich manchmal das Bedürfnis verspüre, meine Gästeliste aus dem spirituellen Reich zu erweitern. Dann zitiere ich einen "Aufseher" herbei oder berufe ein ganzes Komitee ein. Ich erbitte mir einen Deva, einen Landschaftsengel, Pan, Schutzgeister oder den Schöpfer als Gast. Oft finde ich es zweckdienlich, eine Gruppe verschiedener Vertreter einzuladen.

Ungeachtet der richtigen Bezeichnungen ergeben meine Gespräche immer reichlich Antworten und reichlich Überraschungen! Wenn Leute sich erkundigen, wie sie vorgehen sollen, bitte ich sie immer nachdrücklich, einfach mit ihren Fragen herauszuplatzen und die Antworten selbst wahrzunehmen. Einfach die 3 Ks praktizieren: Kommunikation, Kooperation und Kokreation.

Kompostieren: Wann ist der Kompost wirklich reif?

Richard DeBusman, ebenfalls ein Kompostfan, bringt mich in Verlegenheit: "Ellie, du hast mir gesagt, dass der Kompostierungsprozess beendet ist, wenn

- der Komposthaufen dunkel wird,
- man kein ursprüngliches Material wie Apfelkerne oder Blätter mehr erkennen kann und
- er so süß riecht wie der Waldboden und der Komposthaufen und die Umgebungsluft dieselbe Temperatur haben.

Aber Ellie, mein Kompost sieht nach vier Wochen fertig ausgereift aus. Einige Experten sagen, dass ein korrekt angelegter Komposthaufen nach 14 Tagen reif ist. Andere raten, zwei Monate zu warten. Das ist ein großer Unterschied. Was meinst du? Und wie wäre es mit Würmern als Zusatz? Welche Geheimnisse kennst du, damit die Endphase noch besser wird? Du bist hier die Königin des Komposts."

"Richard, da bin ich ehrlich überfragt. Das sind perfekte Fragen für die Devas und Naturgeister. Sollen wir direkt mal bei ihnen nachfragen?", frage ich rundheraus, froh, aus dem

Schneider zu sein. Ich fühle mich ein bisschen übermütig, da ich inzwischen ja schon einige Gespräche hinter mir habe und wesentlich geübter bin.

"Na klar!", sagt Richard augenzwinkernd.

Richard und Ellen: Deva des Bodens, wir würden dich gerne zur Endphase des Kompostierens befragen.

Deva des Bodens (vermittelt ein sehr starkes Gefühl von Liebe und Wertschätzung): *Zuerst einmal überlegt euch, welche Mühe sich der Mensch mit dem Kompostieren macht. Welche Einstellung und welche Bestrebungen (nicht nur Zutaten) kommuniziert ihr mit eurer Mistgabel? Ihr beide seid sehr enthusiastisch. Eure Freude ist Energie, und sie wird der Erde und den Nährstoffen darin zugeführt. Zweitens: Je mehr man die Erde mit Kompost anreichert, desto reichhaltiger ist die Ernte. Kompostieren ist etwas sehr Wechselseitiges.*

Ihr habt also Fragen. Es ist gut zu fragen. Ich danke euch, dass ihr so wissbegierig seid.

Ellen: Wir ersuchen dich um deinen weisen Rat, wann ein Komposthaufen wirklich reif ist, um ihn auf der Erde zu verteilen. Einige Kompost-Experten sagen, dass der Kompost nach zwei Wochen reif ist, aber ein Kompost-Experte aus dem *Copper Center* in Alaska[*] behauptet, dass man, <u>nachdem</u> der Komposthaufen sich abgekühlt hat, noch vier Wochen warten muss, bevor man den Kompost verteilen und verwenden kann. Er führt an, dass die ganze Zeit weiterhin eine Stickstofffixierung stattfindet. Der Kompost sollte sich erst setzen und zu Ende arbeiten können.

Wenn ich den Leuten sage, wie sie beim heißen Kompostieren vorgehen sollen, rate ich ihnen, ihren Komposthaufen nach dem

---

[*] Aus der unveröffentlichten Schrift "A Brief Synopsis of Composting Process" *von Ted Hesser, Copper Center, AK.*

Abkühlen noch ein paar Wochen liegen/reifen zu lassen. Stimmt das so? Gibt es nach der Abkühlung eine Wartezeit?

Deva des Bodens: *Ja.*

Ellen: Und wie viel Zeit ist notwendig?

Deva des Bodens: *Mindestens eine Woche, je nachdem, welche Materialien für den Komposthaufen verwendet wurden.*

Ellen: Ist die zusätzliche Reifungszeit auch wirklich aus den Gründen notwendig, die der Autor anführt, das heißt aufgrund der Stickstofffixierung?

Deva des Bodens: *Du lässt alles ja so lange liegen, bis daraus ein Komposthaufen wird. Das verbraucht Energie. Es entsteht die Form des Komposts mit der entsprechenden Energie. Die Energien des Rohmaterials verwandeln sich in neues Material: Kompost. Wenn es dir hilft zu visualisieren, was passiert, stell dir vor, einen Kristall mitten in den Komposthaufen zu legen. Er bündelt den Umwandlungsprozess und verbessert ihn. Der Komposthaufen wird immer weiter zu etwas Neuem, energetisch und physisch.*

Die Zeit ist überaus günstig, um Kompostwürmer hinzuzugeben (die rote Ringeltierart). Sie verleihen dem Ganzen den letzten Schliff. Kompostwürmer erledigen die letzten Stufen der Veredelung: Sie verarbeiten die Bodenmineralien zu Formen, die die Pflanzen am besten verwerten können.

Richard: Aha! Wir brauchen also mehr Reifungszeit und Kompostwürmer.

Deva des Bodens (auch für den Schöpfer sprechend): *Was ihr tut, wenn ihr daran arbeitet, einen Komposthaufen entstehen zu lassen, ist heilig. Es geschieht parallel zu unserem heiligen Prozess der Schöpfung des Lebens. Ihr wendet dieselben Methoden an wie wir in der Natur. Kompostieren heißt, mit der Natur zusammenzuarbeiten, um zu recyceln und neues Leben zu erschaffen. Es steht im Einklang mit meiner Liebe und meiner überaus wichtigen Arbeit. Alles ist Meine Erde.*

Dann vernehme ich herrliche Musik in meinem Kopf ("Alle Lande sind seiner Ehre voll!" aus Mendelssohns *Elias*). Ich bekomme Gänsehaut, bin zutiefst berührt und empfinde große Demut.

"Richard, wir haben gerade ein sehr großes Kompliment erhalten. Ich muss zusehen, dass ich die Botschaft wiedergebe, ohne feuchte Augen zu bekommen."

Auch Richard ist gerührt von diesem Rat, und wir sitzen eine Zeit lang in ehrfurchtsvollem Schweigen da ... bevor wir beginnen, uns zu überlegen, wo wir Unmengen roter Ringeltiere herbekommen können.

Kompostieren:
Kalken oder nicht kalken?

Nach 15 Jahren Lernen und Lehren im Bereich des Kompostierens verkünden einige Experten wieder mal etwas Neues: "Sie sollten Kalk (gemahlenen Kalkstein) auf Ihren Kompost geben." Wie bitte? Alle Fachliteratur, die ich kenne, sagt: "Du sollst nicht."

Warum oder auch nicht sollte ein Landwirt Kalk in die Kompostmischung einbauen? Ich stelle weitere Nachforschungen an und finde heraus, dass meine Gartenbauratgeber sich gegenseitig widersprechen, einmal heißt es "definitiv ja", dann wieder "definitiv nein".

Was soll ich meiner Biogärtnerei-Klasse sagen, wenn die Empfehlungen gegensätzlich sind?

Die Bücher stimmen darin überein, dass Kalk das so dringend benötigte Kalzium liefert. Aber gleichzeitig steht darin, dass Kalk wie Holzasche ist: Er erhöht den pH-Wert des Bodens. Würde Kalk also den Kompost zu alkalisch machen? Würde das die Gesundheit der Folgepflanzen beeinträchtigen?

John Jeavons, Experte für Bio-Intensive Growing, sagt: "Bitte 'versüßen' Sie den Komposthaufen nicht mit Kalk. Denn das hat einen beträchtlichen Stickstoffverlust zur Folge." Bioanbau-Koryphäe Scott Nearing sieht das genauso. Andere Experten wie Dr. Elaine

Ingham und Dr. Arden Anderson wiederum sagen, dass ihre neuesten Experimente zeigen, dass es wünschenswert ist, dem Komposthaufen während seiner Entstehung Kalk beizumischen. Sie machen geltend, dass man ja einen höheren pH-Wert im fertigen Kompost haben will. Man will die gebündelten Anstrengungen der Mikroben ausnutzen, um Kalzium in eine für Pflanzen verfügbarere Form zu verwandeln. Sie finden, dass das effizienter ist, als den Kalk direkt auf den Feldern zu verteilen. Tatsächlich braucht man, wenn man dem Komposthaufen Kalk beimischt, wesentlich weniger Kalzium in der Erde, auf der der Kompost am Ende verteilt wird.

Kalken oder nicht kalken? Wer hat recht? Kann Kalk dem arbeitenden Kompost und den Pflanzen helfen oder schaden? Ich stehe vor einem Rätsel. Ich bitte Fay, mir zu helfen, Fragen zu dieser Kontroverse zu stellen.

Als wir dem Deva des Bodens diese Frage stellen, nehmen wir wahr, dass hinter den Kulissen einige Überlegungen im Gange sind. Schließlich hören wir: *Ja, das <u>könntet</u> ihr.*

Ellen: Deine Antwort scheint irgendwie bedingt zu sein. Welche anderen Faktoren sollten wir denn noch berücksichtigen?

Während wir auf weitere Mitteilungen warten, erinnere ich mich an einiges aus der Bodenkunde: Alle Kalkstein-(Kalziumkarbonat-)Quellen enthalten Kalzium und Magnesium. Je nach Quelle gibt es allerdings Unterschiede im Anteil. Kalzitischer Kalk hat einen höheren prozentualen Kalziumanteil und einen niedrigeren prozentualen Magnesiumanteil. Dolomitischer Kalkstein hat einen höheren Magnesiumanteil. Wenn man den Boden also damit ergänzen möchte, ist es sehr wichtig zu wissen, welche Sorte es genau sein muss.

Hmm. Meine geistige Tretmühle läuft an. Einige Regionen haben einen Boden mit leichtem Magnesiummangel, andere haben reichlich davon. Einige Pflanzen brauchen mehr von einem oder beiden dieser Mineralien. Durch starke landwirtschaftliche Nutzung können die Kalzium- und Magnesiumvorräte gleichermaßen erschöpft werden.

Ellen (fasst zusammen): Also, Deva des Bodens, du lenkst anscheinend mein Gedächtnis und meine Gedanken. Sagst du, dass wir je nach dem Zustand des Bodens entscheiden müssen, welchen Kalk wir verwenden? Macht das denn so einen großen Unterschied?

Deva des Bodens (wir nehmen ein heftiges Nicken wahr): *Übertreibt es nicht mit dem Magnesium. Das ist schwer wieder zu korrigieren. Dolomitischer Kalkstein enthält für einige Bodenarten zu viel Magnesium. Achtet genau auf die beiden Kalkarten. Wählt einen Kalk, der am besten auf die Beschaffenheit eures Bodens abgestimmt ist.*

Ellen: Das hört sich so an, als würdest du dem Gärtner empfehlen, eine Bodenprobe einzusenden. Die Analyse und Empfehlungen des Labors geben dem Gärtner dann Auskunft über die Kalzium-Magnesium-Höhe. Richtig?

DdB (wir nehmen wieder ein vorbehaltsloses Nicken wahr): Ja, eine Bodenanalyse … oder fragt mich, wenn ihr eine Kalkprobe in der Hand haltet und im körperlichen Kontakt mit dem Boden seid.

Fay und Ellen: Du empfiehlst uns also, zuerst den richtigen Kalk zu wählen. Und wie viel geben wir dann davon auf den Kompost?

Deva des Bodens (er vermittelt mir Bilder, Fay empfängt Worte): *Während der Komposthaufen entsteht, streut nach ein paar Schichten immer etwas Kalk darauf. Wenn ihr zu viel hinzugebt, könntet ihr den pH-Wert für optimale Wachstumsbedingungen zu sehr verändern. Mit anderen Worten, streut nur sehr wenig.*

Aber es wäre wesentlich besser, wenn der Komposter mit uns zusammenarbeiten würde.

Ellen: Meinst du damit, wir sollen die Naturgeister bitten, den Kalk entsprechend unterzumischen? So wie sie es auch schon mit der Holzasche für mich getan haben?

Deva des Bodens: *Ja.*

Ellen: Ah! Dann lass uns kurz schauen, ob wir alles richtig verstanden haben.

- Zuerst muss der Gartenbauer/Gärtner die Kalksorte finden, die am besten für seinen Boden und die Bedürfnisse seiner Pflanzen geeignet ist.

- Dann legt er den Komposthaufen an.

- Als Nächstes bestäubt der Komposter nur die obere Fläche des Komposthaufens mit Kalk. Die Schicht sollte aussehen wir Puderzucker auf einem Donut.

- Nun bittet er dich, den Deva des Bodens, und die Naturgeister um Hilfe. Er sagt, welchen pH-Wert er für den fertigen Kompost haben möchte (zum Beispiel: "Bitte passe den pH-Wert dieses Komposthaufens so an, dass das Gartengemüse am besten und gesündesten wächst und gedeiht.").

- Zum Schluss bittet der Komposter die Naturgeister, den Kalk gründlich in der benötigten Menge einzuarbeiten. "Bitte erhöht so die Mineralienmenge, um den Pflanzen zu nützen und den gewünschten pH-Wert zu erreichen."

- Der Komposter schenkt diesem Prozess seine Energie, bis er offensichtlich beendet ist.

Deva des Bodens: *Ganz richtig! Wir würden uns sehr freuen, in dieser Sache mit euch zusammenzuarbeiten.*
Ellen: Das gefällt mir wirklich! Wieder ein Projekt der Kooperation und Kokreation. Dein besonderer Rat ist sehr willkommen. Danke, dass du mein Dilemma mit deiner Weisheit gelöst hast. Ich brenne darauf, die Methode auszuprobieren!

Kompost verteilen: Wie kann ich meinen Vorrat strecken?

Ich komme mir vor wie ein Star-Koch, der die Ofentür öffnet, bereit, eine köstliche Portion hausgemachten Humus in den Garten zu löffeln. Den ganzen letzten Sommer hindurch habe ich emsig organisches Rohmaterial in Komposteimer verfrachtet. An diesem Frühlingstag fühle ich mich steinreich, als ich meinen Blick über meine 20 Hektoliter feinsten Kompost schweifen lasse. Er ist reif und duftet süß.

Heute bin ich bereit, die Quelle dieses Reichtums zu verteilen. Welch eine Freude, meinem Boden und der Erde ein so kostbares Geschenk zurückzugeben.

Fröhlich karre ich die erste Ladung heran und kippe sie ins nächste Gartenbeet. Aber ich kann förmlich dabei zusehen, wie die schwere Ladung sich fast in Luft auflöst, als ich sie über das erste 12 x 1-Meter-Beet harke. Mit kreischenden Bremsen komme ich zum Stehen. Ich pralle auf die Erkenntnis, dass ich nicht genug Kompost für alles habe, für alle Beete. Um alles abzudecken, werde ich überall mindestens einen Zentimeter brauchen, und das sind mehr Hektoliter, als ich habe. Ich sehe hier einen Kompostvorrat, der äußerst spärlich ist in Anbetracht der weitläufigen, bedürftigen Gartenabschnitte vor, hinter und neben dem Haus.

Ich bin aufgeschmissen. Wo soll ich meinen kleinen Schatz denn nun abladen?

Ich erinnere mich an meinen Leitspruch: "Bei Fragen fragen!" Daher wende ich mich an den Experten, den Deva des Bodens. Wahrscheinlich sollte ich mich langsam an überraschende devische Antworten gewöhnen, die ich in der üblichen Literatur für Bio-Anbau nicht finde.

F: Deva des Bodens, ich habe nur einen begrenzten Vorrat fertigen Kompost. Was wäre die beste Strategie, ihn zu verteilen? Vermutlich sollte ich versuchen, überall eine ganz dünne Schicht Kompost zu verstreuen. Oder vielleicht kannst du mir ja auch Beete nennen, die den Kompost am meisten brauchen, solange mein begrenzter Vorrat reicht.

A: *Ich empfehle dir etwas ganz anderes. Verteile große Mengen in einem Bereich. Nähre den Boden in einem bestimmten Gartenabschnitt. Du könntest zum Beispiel im Norden anfangen, ein Drittel des Pioniergartens in diesem Jahr. Dann nimm dir andere Abschnitte in den Folgejahren vor.*

F: Das hört sich an wie eine Strategie, um langfristige Veränderungen im Boden zu erreichen, statt Kompost ganz dünn möglichst überall zu verteilen. Ist das so richtig?

A: *Ja, wir erteilen langfristige Empfehlungen. Dieser Boden besteht aus sehr feinem Lehm. Sein Ursprung ist verwehter Staub, Löss genannt, der sich hier abgelagert hat. Wenn du deinen Kompost darauf verteilst, machst du den Boden lebendig! Du fügst Mikroben und Humus zu den Mineralien hinzu. Der Lehm ist dann voller Leben. Oh, wenn du die Energie sehen könntest, die von der kompostierten Erde aufsteigt, wie wir Devas es können! Deshalb: ja. Verteile üppige Mengen Kompost in kleinen Bereichen. Du wirst Zeugin werden, wie der Boden von Good Earth Gardens wahrhaft lebendig wird, Abschnitt für Abschnitt.*

F: Welche Abschnitte brauchen den Kompost denn gerade am dringendsten?
A: *Der ganze hintere Bereich hat den bedürftigsten Boden.*

F: Würdest du mir empfehlen, meinen gesamten Kompost im hinteren Bereich zu verteilen?
A: *Du könntest eine dieser Empfehlungen befolgen:*

1.) Verteile genügend im Pioniergarten, um dort Erdbeeren zu setzen, dann den Rest im hinteren Garten, wo die Bohnen sind, oder

2.) beginne damit, den nördlichen Bereich des Pioniergartens zu kompostieren, und bearbeite dabei einen Abschnitt sehr gründlich. Plane dann für die zweite Welle im nächsten Jahr die hinteren Gartenbereiche ein.

F: Wie dick sollte der Kompost am besten verteilt werden?
A: *Oh, viel, viel, viel! Mindestens knöcheltief!* (Ich fühle ein Lächeln wegen der übertriebenen Empfehlung.)

Ellen: Vielen Dank für diese Beratung. Ich werde rausschaufeln, was ich kann. Auf Wiedersehen, Deva des Bodens. Ich werde dann jetzt mal losziehen und Gutes tun! Ab jetzt sollte ich mir wohl jedes Jahr genau notieren, wie die Planung aussehen soll!

Langfristige Ergebnisse

Ich setze den "massiven Behandlungsplan" weiter fort. Schritt für Schritt nehme ich mir im Laufe der Jahre einen Abschnitt nach dem anderen vor. In den behandelten Bereichen stelle ich fest, dass die Oberfläche des Mutterbodens keine Krume mehr bildet. In den unbehandelten Bereichen führt die häufige Bewässerung wegen des harten Wassers zu krustigen Mineralablagerungen. Außerdem bekomme ich nie, wie viele andere Gartenbaubetriebe, einen verhärteten Untergrund aus Ortstein. Und unter den Füßen fühlt sich der Boden mit dem Kompost federnd an, nicht fest oder leblos.

Die behandelten Böden schenken mir eine besonders reiche, gesunde Ernte. Die Beschaffenheit des Bodens und das mikrobische Leben verbessern sich enorm. Die kompostierten Kartoffeln haben fast keinen Kartoffelschorf; in den unkompostierten Abschnitten dagegen wachsen schorfige Kartoffeln. Ich folgere daraus, dass die kompostierte Umgebung dafür sorgt, dass die Nährstoffe schneller zu den für die Pflanzen verwertbaren Formen verarbeitet werden.

Der hohe Gehalt an organischem Material im Kompost bedeutet, dass Feuchtigkeit besser gespeichert wird. Dort, wo reichlich hausgemachter Humus vorhanden ist, kann ich die Bewässerung deutlich reduzieren, die Pflanzen sind dürrefester. Besonders beeindruckend zeigt sich das auf einem Rasenfleck, auf dem ich einen Komposthaufen stehen habe.

Als ich diesen Komposthaufen im Mai abbaue, streue ich ein paar Grassamen auf die kahle Stelle und kümmere mich nicht weiter darum. Das Gras wächst. Ich bewässere es nie. Im August, nach einer besonders trockenen Hitzephase, die mehrere Wochen gedauert hat, nimmt der gesamte Rasen eine strapazierte braune Färbung an. Aber dieser eine Fleck, so unbeachtet, wie er geblieben ist, bleibt weiter saftig grün. Ich gehe rüber und stecke einen Finger in den kompostreichen Boden. Er ist staubtrocken! Aber trotzdem wächst überall Gras darauf, lebendig und grün!

Kompost verteilen: Wann?

Als ein Jahr später der Herbst an die Tür klopft, blicke ich stolz auf meine gesammelten Sommer-Werke. Mir liegen mehrere Hektoliter sagenhafter Kompost zu Füßen. Er ist reif und bereit, verteilt zu werden. Der Winter ist nicht mehr weit. Wenn ich den Kompost jetzt auf meine leeren Beete kippe, werde ich schon einen Schritt voraus sein, wenn der Frühling naht.

Ich habe nicht übel Lust, mich sofort an die Arbeit zu machen und gleich jetzt alle Beete zu präparieren – im Herbst. Ich bin absolut überzeugt, dass ich den Boden schon jetzt auf das kommende Jahr vorbereiten kann.

Dennoch komme ich ins Grübeln. Was passiert eigentlich mit dem Kompost, wenn er den ganzen Winter hindurch auf dem Gartenboden liegt? Wird schmelzender Schnee das reiche Mineralien- und Mikrobenvorkommen auslaugen? Wäre es vielleicht besser, bis zum Frühling zu warten, bis kurz vor dem Pflanzen? Ich will das Gemüse so effektiv wie möglich in seinem gesunden Wachstum unterstützen. Wann wäre es am besten, das "schwarze Gold" zu verteilen?

Ich kann nur spekulieren; um ehrlich zu sein, habe ich keine Ahnung. Nur mein Garten und meine Erde wissen da ganz sicher

Bescheid. Ich vermute, dass ich mich in meinem Schwung bremsen, meine Mistgabel hinlegen und jemand ganz Bestimmten um Rat fragen muss.

F: Deva des Bodens, was ist für die Erde und die Pflanzen am besten – meinen Kompost diesen Herbst zu verteilen oder bis zum Frühling zu warten? Was empfiehlst du?

Deva des Bodens: *Dieses Jahr ist es eine gute Sache, ihn im Herbst zu verteilen. Und dein dringendes Bedürfnis, diese Woche die Bodenfräse zu benutzen, ist auch in Ordnung. Kein Problem. Ich wünsche dir viel Vergnügen beim Einarbeiten des Komposts in den Mutterboden!*

Ellen: Ich danke dir herzlich für diese Beratung. Bis demnächst, Deva des Bodens. Ich flitze dann mal wieder zurück zu Karren und Mistgabel!

Im September darauf beschließe ich, nochmals zu fragen.

Diesmal rät der Deva des Bodens mir, bis zum Frühling KEINEN Kompost zu verteilen. *Lass deine fertigen Komposthaufen abgedeckt überwintern.*

Beim Schreiben dieses Kapitels gerate ich ins Grübeln. Ich halte inne und frage den Deva des Bodens: "Was sollten die Leser darüber wissen, in welcher Saison sie am besten ihren Kompost verteilen sollten?"

Deva des Bodens: *Wir betonen, dass jeder NACHFRAGEN sollte. Jede Saison ist anders. Jeder Gärtner erlebt eine andere Situation. Nehmt euch einfach etwas Zeit, um je nach Wetter, Mikroklima, Anbaumethoden, Boden und angebauten Pflanzen zu entscheiden. Wir sind sehr gerne bereit, euch zu beraten, damit eure Bemühungen die besten Früchte tragen!*

Die Naturintelligenzen halten uns Menschen also immer wieder dazu an, erst nachzufragen, bevor wir handeln. Aber alleine? Nicht, wenn ich es nicht anders einrichten kann. Ja, ich weiß, was die Lehrer in Intuitionskursen und Workshops für spirituelle Entwicklung sagen. Sie alle versichern uns lächelnd: "Ihr seid dazu in der Lage, Weisungen und Botschaften ganz allein zu empfangen. Ihr könnt das. Es ist uns angeboren. Ihr müsst es einfach nur üben."

Mag ja sein, aber ich liebe einfach das Zusammenwirken in einer Gruppe. Ich habe die Vorteile schätzen gelernt, die es mit sich bringt, wenn mindestens noch eine andere Person an dem Gespräch teilnimmt. Eine Gruppe aus zwei oder mehr Personen ist einfach wie ein guter Verstärker. Ich habe festgestellt, dass ich gerne andere Mitstreiter dazunehme und mir das sogar lieber ist, weil ich so einfach eine umfassendere Antwort erhalte. Eine Gruppe hat viele Vorteile: zusätzliche Informationen, Bestätigung und mehr Details. Ich finde es toll, dass ich die Botschaften so noch besser verstehen kann.

Wenn ich mich allein für ein spirituelles Gespräch einstimme, empfange ich oft nicht mehr als ein bisschen Musik. Früher habe ich mir Sorgen gemacht, ob ich mich vielleicht selbst blockiere. Vielleicht war ich nicht gut genug oder sogar eine Niete in diesen Dingen. Mit der Zeit habe ich erkannt, dass Gruppengespräche nicht nur genauere Antworten erbringen, sondern sie fördern auch die menschliche Kooperation und Gemeinschaft. Wir bauen engere Verbindungen zueinander und zur Natur auf. Wenn ich jetzt die Wahl habe, hole ich noch jemanden dazu, bevor ich in einem spirituellen Gespräch um Rat bitte. Ich liebe diese Bereicherung durch mehrere Gesprächsteilnehmer, aber ich liebe auch, was wir auf diese Weise an Wissen über die Natur gewinnen und darüber, wie der Mensch die Ratschläge aus der Natur umsetzen kann.

Natürlich haben wir alle unsere Filter. Wir alle haben unsere "Knackpunkte" und eigenen Anschauungen. Man muss sich Mitstreiter suchen, die aufgeschlossen und in der Lage sind, ihre bevorzugte Lösung oder Schlussfolgerung loszulassen. Sie müssen den starken Wunsch haben, sich einen anderen Standpunkt wirklich anzuhören. Ihre Mitstreiter müssen sich der wechselseitigen Kommunikation, Kooperation und Kokreation zum Wohle des Ganzen verschrieben haben. Wenn Sie sich die Informationen anhören, die empfangen wurden, müssen Sie die einzelnen Persönlichkeiten dabei berücksichtigen. Seien Sie sich über deren Bezugssysteme und Neigungen in Klaren, damit Sie die empfangenen Ratschläge besser einschätzen und interpretieren können.

Ich empfehle Ihnen dringend, gute Mitstreiter für Ihre spirituellen Gespräche um sich zu scharen, diese Beziehungen gut zu pflegen und sich gegenseitig "auf Abruf" bereitzuhalten. Sie müssen sich nicht von Angesicht zu Angesicht gegenüberstehen; eine telefonische Verbindung ist ebenso gut. Fühlen Sie sich in die Worte Jesu ein: "Denn wo zwei oder drei versammelt sind in meinem Namen, da bin ich in ihrer Mitte." Sie erzeugen Liebe zu der Tier- oder Pflanzenart, auf die Sie sich einstimmen. Sie erzeugen Liebe zu sich selbst als Mitschöpfer. Sehen Sie, welchen vielfältigen Nutzen Ihnen diese vereinte Energie schenkt.

Ein Rückzugsort für Naturgeister

Wir sehen ihre liebevolle Fürsorge und fühlen, wie sie die Energie der Asche in unseren Komposthaufen verteilen, aber woher kommen diese Teams fröhlicher Naturgeister eigentlich? Haben sie ein Zuhause, in das sie immer zurückkehren? Können sie bei all dem menschlichen Tun und Denken auf diesem Grundstück überhaupt vernünftig arbeiten?

Fay und ich beschließen, sie danach zu fragen.

Wir stimmen uns auf die hiesigen Elementargeister ein und erklären: "Wir haben im *Findhorn-Garten* und im *Perelandra Garden Workbook* gelesen, dass ihr Naturgeister gerne einen Rückzugsort habt – eine Stätte, an die ihr euch zurückziehen und von der aus ihr auch arbeiten könnt. Wir wissen, dass ihr einen Ort bevorzugt, an dem keine Menschen verkehren und durch den keine menschliche Energie fließt. Braucht und wollt ihr einen?"

Naturgeister: *Es würde uns sehr gefallen, einen Rückzugsort nur für uns zu haben.*

Ellen und Fay: Wo hättet ihr ihn gerne?

Während wir fragen, gehen wir das gesamte Grundstück ab und suchen nach geeigneten Stellen. Wir finden einen Bereich, an den niemals Menschen kommen. Die Ecke im Nordwesten ist im Bereich zur Straße hin ungemäht und unbepflanzt. Hier wachsen viele Pappel-Schösslinge und hohe Quecken, die westliche Seite wird von hohen Fichten und Pappeln geschützt. Darunter liegt ein Jauchefeld, aber niemand betritt je diesen Bereich.

Wir fragen: Hättet ihr diesen "Wildwuchsbereich" gerne für euch?

Naturgeister: *Ja, wir mögen ihn. Bitte geht die Grenzen unseres Rückzugsortes ab, damit wir den Bereich genau sehen können.*

Wir schreiten durch das lange Gras, um den Sperrbezirk abzustecken. Liebevoll übergeben wir den ovalen, 4 x 5 Meter großen Bereich den Naturgeistern als Rückzugsort und merken uns, dass wir die Grenze nicht übertreten dürfen. Wir beenden das Gespräch und mutmaßen, dass die Naturgeister wohl immer einen Wildwuchsbereich als Basis brauchen, von der aus sie operieren können.

Ein paar Jahre später besuchen Fay und ich meine Hütte in Michigan. Die einfache Behausung ist von Wald umgeben. Wir fragen die Naturgeister: "Hättet ihr hier gerne einen Rückzugsort?"

Nein, antworten sie. *Wir freuen uns, dass ihr fragt, aber wir brauchen hier keinen Rückzugsort. Unten am Bach sind ein paar Büsche, die uns gefallen.* Sie hören sich lebenslustig und recht zufrieden an. Ich staune, wie wichtig es ist zu fragen. Die Antworten der Natur können teilweise ganz unterschiedlich ausfallen.

Möhren: Perfektes Timing in Alaska

Ich bin völlig aufgedreht – und verspannt! Es muss doch noch einen besseren Weg geben, hier Abhilfe zu schaffen.

Möhrensaat auskeimen zu lassen ist der anstrengendste, herausforderndste und riskanteste Teil meiner gesamten Frühlingsbepflanzung.

Wissen Sie, es gibt hier einen harten Wettstreit zwischen dem kalten Frühlingsboden und einer Saat, die normalerweise drei Wochen und 240°C braucht, um optimal keimen zu können. Nachdem ich also die winzigen Möhrensamen gesät habe, bedecke ich meine ewig langen Reihen mit einer transparenten Plastikfolie. Die durchsichtigen Folien machen aus den Beeten praktisch Mini-Gewächshäuser. Durch die angestaute Wärme wird die Keimung angeregt, aber schon die Sonne eines einzigen warmen Nachmittags kann die zarten Triebe versengen.

Während ich darauf warte, dass die Möhrensaat endlich keimt, verstreichen die Tage, und prompt ist auch schon der Juni mit seinem heißen, trockenen und windigen Wetter gekommen. Normalerweise erwarten wir jetzt mindestens einen Monat lang keinen Regen mehr. Der Boden trocknet unter der Plastikfolie rasch aus, besonders der obere halbe Zentimeter, wo die winzigen Möhrensamen liegen.

Drei Wochen lang werde ich also jeden Tag zur nervösen Ordnungshüterin und luge unter die durchsichtigen Plastikfolien. Braucht der Boden mehr Feuchtigkeit, seit die Sonne rausgekommen ist? Ja. Vorsichtig löse ich die riesigen Folien von den Beeten, bewässere alles und verankere die Abdeckungen wieder in der Erde, bevor der Wind sie davontragen kann.

Als die Saat keimt, mache ich mir wieder Sorgen. Werden sie möglicherweise versengt, während ich gerade im Laden bin?

Die mühselige Arbeit kostet mich wertvolle Zeit, da ich schließlich genug damit zu tun habe, auch noch andere Pflanzen zu setzen. Wenn ich die Möhrenbeete nicht sorgfältig hege und pflege, riskiere ich, die gesamte Aussaat zu verlieren. Ich könnte dann zwar erneut pflanzen, aber spätere Möhren werden vor dem Herbstfrost wahrscheinlich nicht über Bleistiftgröße hinauskommen.

Möhrenkinder auszubrüten, ist einfach stressig. Aber die Devas des Gartens sagen mir: "Lass die Saaten sorglos keimen!"

Als ich durch eine Gartenzeitschrift blättere, springt mir eine Überschrift ins Auge: "Säen Sie Ihre Möhrensaaten schon im Herbst aus — schlagen Sie der Pflanzsaison ein Schnippchen!" Hmm. Klingt spannend! Wenn ich das machen könnte, wären meine Möhrensaaten schon frühzeitig in der Erde, im vorbereiteten Boden, bereit zu wachsen. Die Saaten könnten Nutzen aus der Feuchtigkeit im Frühling ziehen, bevor die übliche Trockenheit einsetzt. Ich will den Deva der Möhren fragen, ob dieser Plan hier funktionieren würde. Fay und ich stimmen uns ein.

Fay und Ellen: Deva der Möhren, wie wäre es, die Möhrensaaten schon jetzt auszusäen, vor dem Winter? Würde dieser Plan hier an diesem Ort in Alaska funktionieren?

Deva der Möhren: *Ja und nein. Es hängt vom Wetter ab. Die Antwort lautet ja, wenn es diesen Winter Schnee gibt und zeitig ein warmes Frühjahr folgt. Die Empfehlung lautet nein,* *wenn es im Winter mehrmals taut und viel Eis und Wasser auf dem Boden sind.*

Bei den diesjährigen Bedingungen (Menschen, Ort, Wetter) würde das Experiment zu keiner Keimung führen.

Ellen: Meine Güte! Dabei hat sich der Plan so vielversprechend angehört. Du erinnerst uns wieder daran, immer Mutter Natur zu fragen, jedes Mal.

Der Deva verabschiedet sich mit einem Rat, der sich anhört, als käme er von meiner Mutter: *Esst Möhren. Möhren sind gut für euch. Möhren machen euch stark und gesund. Und bewegt euch.*

Fay und Ellen: Ha! Hm, ja, danke, Möhren-Bewusstsein! Das muss besonders wahr sein, wenn es von dir kommt, Deva der Möhren!

Wetter vorhersagen: Gibt es einen Insider-Trick?

"Ich bin so aufgeregt, dass ich gleich an die Decke springe! Das ist die beste Idee, die ich jemals hatte! Fay, Fay, hör zu! Das könnte der bedeutendste Durchbruch in der gesamten Geschichte von Mensch und Landwirtschaft sein", erkläre ich.

"Wow! Verrat mir deine welterschütternde Entdeckung!", ruft Fay, die sich von meinem Freudentaumel mitreißen lässt.

"Also, wir Gärtner hängen doch komplett vom Wetter der Jahreszeiten ab", erläutere ich. "Ganze Ernten leben und sterben mit der Laune von Frost, Dürre, Wind und Überflutungen. Aber: Was, wenn wir das Wetter **vorhersagen** könnten? Kannst du dir vorstellen, wie viel Macht uns das verleihen würde?! Wir könnten Katastrophen ausweichen. Wir könnten unsere Pflanzungen zeitlich genau abstimmen – je nachdem, wie die Launen der kommenden Saison so sein werden!"

"Du meinst, wir sollten versuchen, die Profi-Meteorologen auszutricksen und ... den *Farmer's Almanac von 1992?*", will sie wissen.

"Es kommt noch besser! Ich habe gerade gelesen, dass Machaelle Small Wright es tut. Sie fragt die Naturgeister, wann sie ihren Perelandra Garden bepflanzen soll. Einmal wiesen die Naturintelligenzen sie an, bis Ende Juni zu warten. Sie fand das hirnrissig, schob aber alles auf, wie es ihr gesagt worden war. Im Mai und Juni überflutete ein ungewöhnlich heftiger Regen das Gebiet und schwemmte die Nachbargärten aus. Machaelle fing mit ihrer Gartenbepflanzung Ende Juni an, umging die Probleme und hatte eine Rekordernte.

Ist das nicht fantastisch, Fay?! Ich bin ganz versessen darauf, es auszuprobieren. Komm, lass uns ein spirituelles Gespräch führen! Es ist einfach perfekt. Es ist Februar, genau die Zeit, in der ich immer meine Planungen für die Vegetationsperiode mache."

Wetter vorhersagen: Vulkanisches Gärtnern

Uns ist schon ganz schwindelig. Das ist wie eine Party zu planen. Enthusiastisch stellen Fay und ich die Gästeliste zusammen. Wir wollen ein komplettes Beraterteam einladen. Wir rufen die Naturgeister der Gegend zusammen. Oh, und nicht zu vergessen die Devas des lokalen und regionalen Wetters, der Meteorologie, des Klimas und sogar der Geologie.

Wir atmen tief durch und sprechen uns Mut zu. Wir behaupten einfach, dass es möglich ist. Vergangenheit und Zukunft sind nichts als eine Illusion, oder nicht? Wir beteuern uns gegenseitig, dass wir in Erfahrung bringen können, was in der kommenden Saison zu erwarten ist.

Gemeinsam fragen Fay und ich das Beraterteam: "Wie wird die Vegetationsperiode 1992 in unserer Gegend ausfallen?"

Team der Naturintelligenzen: *Für Mai/Juni könnt ihr einen zeitigen Frühling und zunehmend warmes und trockenes Wetter erwarten. Das Wetter für Juli/August sieht zunehmend bewölkt und dunkel aus.*

Ellen: Das hört sich an, als könnte ich die Frühlingspflanzen ganz normal nach Plan pflanzen, ohne späten Frost.

(Ich nehme wahr, dass das Wetter im September heller und wärmer sein wird. Dann sehe ich vor meinem geistigen Auge ein Bild meines Gartens, bedeckt mit grauer Asche.)

Diese grauen Bilder – bedeuten sie, dass ein großer Vulkanausbruch stattfinden wird?

Team der Naturintelligenzen: *Die Zeit für Vulkanausbrüche ist reif. Wir wissen nicht wann, aber sie stehen kurz bevor.*

Fay und Ellen: Vor ein paar Jahren ist beim Ausbruch eines Vulkans in der Nähe sehr viel Asche entstanden. Der Niederschlag machte das Atmen schwer, Autofahren war unmöglich. Wie schwer wird dieser Ausbruch wahrscheinlich sein?

Team der Naturintelligenzen: (Statt Worten übermitteln sie Fay und mir verschiedene Bilder und Eindrücke. Wir nehmen uns einen Moment Zeit, um sie zu einem Ganzen zusammenzufügen und zu interpretieren.)

Ellen: Bedeutet das, dass wir mit einem großen Vulkanausbruch oder einem Erdbeben rechnen sollten? Dass wir bereit sein sollten, mit einer Naturkatastrophe zurechtzukommen oder ihr zu entfliehen?

Team der Naturintelligenzen: *Seid immer bereit zu gehen, etwas zu verändern oder etwas aufzugeben. Erwartet eine Veränderung, statt euch davon überraschen zu lassen.*

In liebevollem Tonfall fügen sie hinzu: *Überdenkt noch einmal den Begriff Katastrophe. Ihr nennt extreme Wetterbedingungen und geologische Ereignisse "schlecht". Ihr seht sie als zerstörerisch an. Ihr seht das Wetter als launenhaften Tyrannen und die Menschen als seine Opfer.*

Stattdessen: Seht die Wunder. Seht, wie solche Ereignisse großes Mitgefühl auf der Welt hervorrufen. Die Menschen legen Differenzen bei. Sie kommen zusammen und helfen einander.

Ab Mai beginne ich zuversichtlich mit meinen planmäßigen Pflanzungen und habe frostfreie Ergebnisse. Das Wachstum im Juni schreitet wie vorhergesagt gut voran. Am 27. Juni und nochmals am 18. August bricht der *Mount Spurr* an der *Cook Inlet*-Bucht gegenüber von *Anchorage* aus. Bei der Eruption im Juni werden Gaswolken 15 Kilometer hoch in die Atmosphäre geschleudert. Die schweren Wolken driften über South Central Alaska, auch über *Anchorage* und das *Mat-Su Valley*. Schaurig graue Asche legt sich auf das Land, führt zur Schließung des Flughafens, mehrtägigen Gesundheitsproblemen und enormen Säuberungs- und Aufräumarbeiten. Am 18. August spuckt der *Mount Spurr* erneut Aschewolken 14 Kilometer in die Luft. Auch diese Asche fällt herab und bedeckt weite Gebiete unter sich.

Am 16. September heißt es im Radio, dass der *Mount Spurr* schon wieder eine Säule aus vulkanischer Asche zum Himmel schießt. Die Behörden geben eine Warnung aus: Die Aschewolke driftet erneut in unsere Richtung. Was muss ich als Erstes tun, um vorbereitet zu sein? Die Eruptionen im Juni und August (und die Vorhersagen der Naturintelligenzen) haben mich gelehrt, vorausdenkend zu planen. Ich stürze mich in den Garten und ernte wie wild so viel Gemüse und Kräuter, wie ich kann. Ich habe ein paar Tage Vorsprung und bekomme wesentlich mehr zusammen, als ich brauche. Dankbar bin ich mit allem fertig, als die Asche kommt. Hurra! Die Anstrengungen waren es wert – ich habe die Mühsal umgangen, von jedem einzelnen grünen Blatt vulkanischen Staub abzuwaschen.

Im Oktober freue ich mich sehr, als ich auf die Vegetationsperiode zurückblicke. Diese Vorhersagetechnik ist wirklich genial! Dies ist der Anbruch einer neuen Zeit im Gartenbau. Wow ... spirituelles Gärtnern. Ich liebe es, Insider-Informationen über das Wetter zu erhalten ... und über geologische Ereignisse!

Ich schwöre mir, das ab jetzt jedes Jahr so zu machen. Aber im Februar darauf bin ich fassungslos.

Wetter vorhersagen: Und dieses Jahr?

Dieser wunderschöne Februartag markiert den ersten Jahrestag unseres devischen Wetterstudios. Wir platzen vor Ungeduld, wie wohl die Vorhersage der Devas für die Vegetationsperiode 1993 lauten wird. Fay und ich lassen uns nieder, um ein neues Gespräch mit dem devischen Beratungsteam für Wetter und Geologie zu führen.

Wir laden unsere Gruppe zu uns ein und fangen an.

Liebe Naturintelligenzen, eure letzte Vorhersage war uns eine große Hilfe. Wir sind gespannt, eure neuesten Anweisungen für das beste Timing beim Pflanzen zu hören. Was ist eure Prognose?

Naturintelligenzen: *Wir können es nicht vorhersagen.*

Fay und Ellen: Das erstaunt uns jetzt aber. Meint ihr damit, ihr <u>wisst es nicht</u>? Wie kann es sein, dass ihr es **nicht** wisst? Letztes Jahr habt ihr doch auch eine Vorhersage getroffen.

Ich blicke zu Fay hinüber. "Was machen wir bloß falsch, Fay? Das ist dieselbe Perelandra-Formel, die wir letztes Jahr auch hatten!"

Fay schüttelt den Kopf, und wir fragen erneut.

Naturintelligenzen: *Es ist einfach so, wir wissen es nicht.*

105

Wir sind perplex. Und zutiefst enttäuscht. Offenbar können wir nur noch hoffen. Wir hoffen, dass wir eine großartige Vegetationsperiode ohne große klimatische oder geologische Störungen haben werden.

Wir beenden das Gespräch und sitzen voller Verwunderung da. Warum können sie diesmal nichts vorhersagen?

Wetter vorhersagen: Was ist da los?

"Hm, weißt du, seit einiger Zeit höre ich immer wieder von chaotischen Wetterlagen", sinniert Fay. Sie schüttelt ihre Schockstarre schneller ab als ich. Wir sind noch immer orientierungslos. Keiner von uns hat Lust aufzuspringen und weiterzumachen. Diese "Null-Vorhersage-Antwort" nagt an uns wie ein ungelöstes Rätsel. "Was meinst du, Ellie?"

"Du hast recht, Fay. Es ist mehr als nur Sensationslust der Reporter, was Dürren, Überflutungen und Knappheiten anbelangt. Seltsames Wetter scheint zunehmend normal und intensiv zu werden. Die Wissenschaftler beginnen gerade erst, die einzelnen Punkte miteinander zu verbinden – die Punkte zwischen den extremen Phänomenen und den dahinter stehenden weltweiten Klimaveränderungen."

"Meinst du Phänomene wie sich ausbreitende Wüsten, den CO_2-Anstieg in der Atmosphäre und den Treibhauseffekt?", fragt Fay. "In unserer Gegend sagen die Oldtimer ja, dass wir zwei Wochen Vegetationsperiode dazugewonnen haben, dank einem wärmeren, zeitigeren Frühling und einem längeren Herbst."

"Ja, und nicht zu vergessen Ozonlöcher am Himmel, schmelzende Polkappen und schrumpfende Gletscher", stimme ich mit ein.

"Und was ist mit der massiven Zerstörung des Regenwaldes? Die industrielle Abholzung überall auf der Welt legt die nackte Haut der Erde frei. Dann brät die Sonne den schutzlosen Boden, oder ohne den lindernden Schatten der Baumkronen auskommen muss. Dürften diese Veränderungen nicht zu anderen Wind- und Regenmustern führen?

Ich habe kürzlich etwas über eine Anhörung von Meeresforschern vor dem US-Senat gelesen. Sie berichteten, dass sich wegen der Temperaturveränderungen der Luft ganze Tiefseeströmungen verändern – sich sogar umkehren. Zu den Polen fließt wärmeres Wasser, das ganz neue Meeresorganismen mit sich führt."

"Hm!", entgegnet Fay. "Die Menschen bringen den gesamten Planeten durcheinander. Sie sind die Ursache von viel mehr Wetterveränderungen, als sie ahnen. Warum fügen die Menschen ihrer Lebensgrundlage nur so viel Schaden zu?"

Fay kurbelt meine Gedanken an. "Nun, das Umweltbewusstsein der Leute steigt ja gerade stark an. Wir haben Umweltschutzgesetze und -vorschriften bekommen, um der Zerstörung Einhalt zu gebieten. In allen Ländern werden auf allen Ebenen plötzlich neue Organisationen, Instanzen und Gremien ins Leben gerufen. Bürger tun sich zusammen, um die Fischereigewässer, die Wälder und die Lebensräume der Wildtiere zu retten.

Vielleicht wäre es fairer zu sagen, dass das Tun des Menschen die Welt sowohl konstruktiv als auch destruktiv beeinflusst. Die Leute bedienen sich selbstgefällig an den Reserven fossiler Brennstoffe. Durch unseren Schlendrian und Überkonsum werden Rekordmengen Kohlendioxid in die Luft geblasen. Aber die Leute haben auch die Gefahren der Produktion von Fluorchlorkohlenwasserstoff (FCKW) erkannt und schließen sich weltweit zusammen, um sie zu stoppen."

Fay fasst unsere Erörterungen eifrig zusammen. "Die Erde verändert sich ständig. Die Menschen verändern sich ständig. Wir beeinflussen das Wetter genauso, wie es uns beeinflusst. Wenn wir entscheiden, etwas zu verändern, dann lösen wir eine Kette von Veränderungen auf der ganzen Welt aus. Die Leute sagen, dass das Wetter sich schnell ändern kann. Aber auch wir Menschen können uns schnell ändern – wir können unser Denken ändern, unsere Überzeugungen und unser Verhalten."

"Ich verstehe das jetzt besser", füge ich hinzu. "Der Planet befindet sich gerade in einem komplexen klimatischen Tauziehen. Einige Menschen reißen die Erde nieder, andere bauen sie auf. So überraschend ist es gar nicht, dass die Devas nicht genau vorhersagen können, welche Veränderungen eintreten werden und wann. Der menschliche Einfluss hängt davon ab, ob die Menschen ihren freien Willen ausüben, und das ist nicht vorhersagbar."

Das Rätsel fühlt sich jetzt wesentlich geordneter an. Für Fay und mich ist es Zeit, mit den Naturintelligenzen darüber zu sprechen.

Fay und Ellen: Hallo noch einmal! Haben wir das so richtig verstanden?

Das Team antwortet: *Ja, das stimmt so. Die Veränderungen der Erde und die Wetterereignisse beeinflussen den Menschen. Gleichzeitig beeinflusst der Mensch die Erde und das Wetter. Der Mensch kann die Veränderungen in jede Richtung beeinflussen – mehr Chaos oder weniger Extreme.*

Alle Taten summieren sich zu einem großen Ganzen. Das große Ganze ist in Aufruhr angesichts der vielfältigen, schnellen Veränderungen und der gegensätzlichen Einflüsse.

Denkt einfach daran, dass die Erde ein großartiges, liebevolles Wesen ist, das euch fürsorglich bemuttert. Gleichzeitig lässt die Erde euch liebevoll die Auswirkungen und Konsequenzen eurer Entscheidungen im Fühlen, Denken und Tun erleben.

Und ja, das ist der Grund, warum wir nicht genau wissen, was in ein paar Monaten geschehen wird. Die Veränderungen der Erde und des Menschen finden derzeit sehr schnell und in alle Richtungen statt.

Fay und Ellen: Könntet ihr uns denn irgendeinen gärtnerischen Rat zur zeitlichen Planung geben?

Team der Naturintelligenzen: *Der beste Rat, den wir euch erteilen können, ist: Los geht's, Wetter hin oder her! Mit anderen Worten: Lebt immer mehr im "Jetzt" jedes Tages. Versucht, uns mehr Fragen über die nähere Zukunft zu stellen. Wir können euch kurz vor der jeweiligen Vegetationsperiode helfen herauszufinden, was sich richtig anfühlt, statt mehrere Monate vorher.*

Stutzen und Ausdünnen: Meinungsverschiedenheiten und Unwissen

"Der Erbsenstrauch muss definitiv gestutzt werden – er verdeckt das ganze Panoramafenster."
"Nein! Nicht stutzen!"
"Die Beerensträucher müssen bis auf den Boden zurückgeschnitten werden!"
"Stopp! Das wäre viel zu viel!"
"Dein Gelände ist fürchterlich zugewachsen, der Wildwuchs breitet sich ja in alle Richtungen aus! Es sieht aus, als würde hier niemand mehr wohnen!"
"Halt! Lass das Grün in Frieden! Ich mag den Schatten und den Windschutz!"
"Die Baumgruppe da sollte ganz einfach komplett gefällt werden."
"Niemals! Auf diesem Planeten wird so viel abgeholzt, dass ich mich am Fällen eines Baumes nicht beteiligen werde."

Willkommen im Epizentrum des größten Streitpunktes in unserem Haushalt: Stutzen, Fällen und Ausdünnen. Seit wir drei Freunde begonnen haben, uns um das Land zu kümmern, das wir gemeinsam gekauft haben, stellen wir fest, dass jeder von uns eine andere Vorstellung davon hat, wie der Garten aussehen sollte. Jim findet, dass die Äste des Flieders den spektakulären Blick auf die Berge stören. Resolut greift er zur Baumschere und befreit den Fensterbereich von dem hölzernen Geäst. Dann kommt Fay nach Hause. Sie schaudert und stottert. Sie mochte es, durch dieses Fenster das Innenleben des Flieders zu betrachten. Sie liebte es, durch die Äste zu lugen und Singvögel ganz aus der Nähe zu sehen.

Wie sollen wir bloß das Land umweltbewusst bestellen und gleichzeitig unsere menschlichen Streitigkeiten über das Zurückschneiden der Pflanzen lösen?

Sterbender Hornstrauch: Lehrer opfert Busch

Jim hat einen Seidigen Hornstrauch komplett abgeschnitten, weil er zwischen zwei übergroßen Büschen eingequetscht war. Die Äste waren dürr und nur einen Meter hoch. Kurz nachdem Jim in seine Eskimo-Dorfschule in Yupik zurückgekehrt ist, um dort weiter zu unterrichten, sehe ich, dass die Spitze des abgeschnittenen Hornstrauchs vom Gebüschstapel heruntergeweht worden ist. Rastlos bewegt sie sich auf dem Rasen hin und her. Immerhin lenkt das Geäst meine Aufmerksamkeit so auf sich, dass ich ein spirituelles Gespräch möchte. Fay und ich müssen plötzlich beide an die Geschichte denken, wie Peter Caddy in der Findhorn-Gemeinschaft anordnete, den Ginster zurückzuschneiden. Damit erzürnte er die Naturgeister, weil er den intuitiven Rat anderer überging, den Ginster während der Blüte in Frieden zu lassen. Wir hoffen jedenfalls, dass wir unsere Naturgeister nicht verärgert haben. Wir wollen nicht, dass unsere Gartenpflegemannschaft in den Streik tritt!

Fay und ich fragen, ob etwas nicht stimmt. Genauso ist es. Der Hornstrauch scheint Höllenqualen zu leiden.

Der Deva des Seidigen Hornstrauchs erklärt: *Wenn Bäume und Sträucher ohne Vorwarnung getötet werden, erleiden sie einen sehr langsamen, qualvollen Tod. Dies gilt für die Zerstörung durch Unwetter und andere natürliche Ursachen genauso wie für die Zerstörung durch Menschen. Die Menschen können eine Entscheidung treffen. Sie können sich sagen, dass Bäume nur Dinge sind und keine Gefühle haben. Sie können glauben, dass Bäume nur zum menschlichen Nutzen auf der Erde sind. So können die Menschen abschneiden und nehmen, nehmen, nehmen. Aber die Menschen können auch ihr gemeinsames Bewusstsein erkennen – ihre wahre Beziehung zur Natur. Die Menschen können liebevoll mit der Natur zusammenarbeiten, kooperativ und kokreativ. Sie können fragen und danken.*

Wir fragen den Hornstrauch, was wir jetzt noch für ihn tun können. Zur Antwort erhalten wir nur vage Gefühle, so dass wir einfach losstolpern und improvisieren. Wir danken dem Hornstrauch aus vollem Herzen für sein Leben. Wir entschuldigen uns für das menschliche Tun, das aus Unwissen zu einem Trauma geführt hat. Wir finden den Stumpf und segnen ihn. Wir segnen die abgeschnittene Spitze. Dann legen wir sie wieder auf den Stapel. Wir hatten nicht gewusst, dass die Mitglieder des Pflanzenreiches Schmerzen leiden können. Wir beschließen, mehr darüber zu erfahren, wie Sträucher und Bäume vorgewarnt werden können, und uns besondere Mühe zu geben, in Zukunft daran zu denken.

Gemeiner Erbsenstrauch

An diesen Novembertag besucht uns eine spirituelle Freundin. Bevor wir wissen, was geschieht, ist sie schon draußen und macht sich eigenmächtig daran, unseren Gemeinen Erbsenstrauch (*Caragana arborescens*) einer Stutzaktion zu unterziehen. Er dient als Hecke und als Wind- und Sichtschutz vor der Veranda. Für sie und ihre

Gartenschere ist der Gemeine Erbsenstrauch ein ausufernder, vernachlässigter Schandfleck. Sie entfernt ihn aus reiner Nettigkeit gegenüber den nachlässigen Bewohnern. Fay hingegen hasst Zurückschneiden jeglicher Art.

Jedenfalls hat es hier keine Chance gegeben, die Sträucher vorzuwarnen. Auf dem Boden liegt ein riesiger Stapel abgeschnittener Äste. Die Sträucher, ehemals zwei bis drei Meter hoch und ausladender als Armesbreite, sind zu Stümpfen geschrumpft. Die vier Sträucher sind nur noch hölzerne Gruppen aus zweieinhalb bis fünf Zentimeter dicken Stümpfen, gestutzt auf 30 Zentimeter Höhe.

Plötzlich haben wir traumatisierte Sträucher auf dem Gewissen. Werden sie sich wieder erholen, nachdem sie so niedrig abgeschnitten wurden?

Nachdem unsere liebe (und übereifrige) Freundin gegangen ist, stimmen wir uns für ein spirituelles Gespräch ein.

Ellen und Fay: Also, Gemeiner Erbsenstrauch, wir hatten keine Ahnung, dass du gestutzt werden würdest. Welche Vorgehensweise wäre hilfreich für dich gewesen? Und was kann jetzt noch getan werden? Du siehst so schlimm zurückgeschnitten aus, dass wir uns fragen, ob du nächsten Sommer überhaupt wieder wachsen kannst.

Deva des Gemeinen Erbsenstrauchs: *In Zukunft könnt ihr uns bitten, unsere Energie abzusenken. Dadurch werden wir gewarnt und können uns vorbereiten. Im Winter unseres Lebens brauchen wir nicht besonders lange, um unsere Energie in die Stämme und Wurzeln abzusenken. Vielleicht eine halbe bis zwei Stunden.*

Die Art und Weise, wir ihr uns bittet, unsere Energie abzusenken, ist noch wichtiger als der Zeitraum, den ihr bis zum Abschneiden verstreichen lasst.

Was die jetzige Situation anbelangt, schlagen wir euch vor, euch hinzuknien und mit den Händen liebevoll an den Stämmen hinabzustreichen, zur Erde und zu den Wurzeln hin. Bittet uns als Gemeinen Erbsenstrauch, unsere Energie aus den kleinen Ästen und Zweigen abzusenken. Verkündet laut euer Ziel, dass ihr neue, junge, volle Triebe aus den Stümpfen wachsen sehen möchtet. Sucht an den stummeligen Überbleibseln nach Knospen und schneidet uns nur bis auf die höchsten herunter. Die Knospen sind die Stellen, an denen neue Triebe wachsen werden.

Sucht auf dem Stapel mit den abgeschnittenen Ästen nach Knospen, und knipst ein paar davon ab. Reibt sie auf die Stümpfe und rund um sie herum. Oder verwendet ein Pflanzenöl (anstelle des improvisierten Knospenöls), um den Außenflächen zu helfen, Feuchtigkeit zu speichern.

Nun bedeckt jede Gruppe Stümpfe zum Schutz mit schwarzen Plastiktüten. Bindet die Plastiktüten fest, aber nicht so fest, dass ihr den Kreislauf unterbrecht. Das wird helfen, zu viel Austrocknung durch Wind und Frost zu verhindern. Seht uns im Geiste glücklich nach dem Himmel greifen, und seht unsere große Lebensfreude.

Meine Finger erfrieren fast bei der Aufgabe, aber ich führe sie pflichtbewusst zu Ende. Der Nordwind und ich führen einen Wettstreit, ob ich die Plastiktüten schneller um die Sträucher wickeln und binden kann, als er sie wegtragen kann. Im Juni darauf wächst kraftvolles, neues Grün nach.

Vorgartenpflanzen

Schon bald werde ich zur eifrigen Stutzerin – ich mache mich an die Pflanzen im Vorgarten, die sich in alle Richtungen ausbreiten. Rechtzeitig denke ich daran, die Bäume und Sträucher vorzuwarnen, sage ihnen, dass ich sie zurückschneiden werde, und bitte sie, ihre Energie aus den Bereichen abzusenken, die ich ihnen gezeigt habe. Ich lasse fünf Tage verstreichen, bevor ich die Fichten, den Flieder, die Eberesche und den Johannisapfelbaum stark zurechtstutze. Dabei schneide ich so viel ab, dass ich mich lieber noch einmal rückversichern möchte.

Ellen: Ich habe sehr viel zurückgeschnitten! Geht es euch allen gut?

Devas der Sträucher und Bäume: *Vielen Dank für die Warnungen. Wir sind in Verbindung mit dir und deinen Absichten. Wir fühlen uns nicht beleidigt oder missbraucht.*

Johannisapfelbaum

Ellen: Johannisapfelbaum im Besonderen, könntest du damit leben, wenn du noch ein bisschen zurückgeschnitten würdest?

Deva: *Ich glaube schon. Ich bin ein gesunder Baum. So nah am Haus gepflanzt zu sein, ist auch okay, genauso wie wenn ich weiter weg stehen würde. Da ich so nah am Haus stehe, bin ich den Menschen im Haus ziemlich verbunden. Ich fühle mich sowohl als Teil des Haushalts als auch als Teil der Außenwelt.*

Stutze meine Äste folgendermaßen: Eine Astgruppe schneidest du bis auf einen Ast herunter. Bevorzuge die Äste, die in die von dir gewünschte Richtung wachsen. Leg direkt los und fang mit dem Zurückschneiden an, wenn du genau weißt, was du willst und wie der Baum aussehen soll. Wenn du mit der Arbeit beginnst, bitte darum, intuitiv zu wissen, wo du stutzen musst. Ich werde bei dir sein, dich unterstützen und lenken.

Johannisbeeren

In unserem Hintergarten stehen vier robuste Johannisbeerbüsche, an denen viele köstliche Beeren wachsen. Sobald die Beeren reif sind, stellen wir das *"Johannisbeeren zum Selbstpflücken"*-Schild raus. Wir freuen uns über die Einnahmen und die Kunden, die sich bei uns eindecken. Eine gewerbliche Erzeugerin von Beeren, die ein paar Häuser weiter wohnt, schaut bei uns vorbei und empfiehlt uns, unsere Johannisbeersträucher zurückzuschneiden. Ihr zufolge werden so mehr dicke Beeren in den äußeren Bereichen wachsen. Dann hätten wir ein kompakteres, aber ertragreicheres Wachstum.

Stimmt das? Fay und ich beschließen, unsere vereinten Kräfte zu nutzen und uns auf die Johannisbeersträucher einzustimmen.

Ellen und Fay: Herzlichen Dank, liebe Johannisbeeren, für eure leckeren Früchte! Ihr macht uns wirklich viel Freude. Was unsere Bewirtschaftung angeht, ist es unser Ziel, die zum Verkauf bestimmte Ernte zu maximieren, viele Früchte zu erzeugen und den Kunden das Pflücken leicht zu machen. Wir fragen uns, wie wir euch am besten pflegen und versorgen können. Experten haben uns gesagt, wir sollten euch zurückschneiden. Sollten wir das wirklich?

Deva der Johannisbeeren: *Ich möchte lieber nicht zurückgeschnitten werden. Es ist okay, wenn ihr das wollt, aber ich möchte es lieber nicht.*

Ellen und Fay: Warum?

DdJ: *Wenn unsere Äste abgeschnitten werden, stört das unseren Energiefluss. Es durchkreuzt unsere Pfade des Wachstums.*

Ellen und Fay: Bedeutet das, dass ihr durch das Zurückschneiden Lebenskraft oder Produktivität verliert?

DdJ: *Der Früchteertrag wäre nicht so optimal wie bisher. Ihr würdet aber immer noch eine gute Ernte haben. Wir sind exzellente Sträucher. Verändere uns nicht, es sei denn, ihr wollt es unbedingt. Wir sind stark und kräftig. Die inneren Beerengruppen reifen später, so dass ihr eine schöne, langgezogene Ernte haben werdet.*

Fay und ich blicken uns überrascht an. Nun, das hat uns gerade eine Menge Arbeit erspart!

Stachelbeeren

Das bringt uns dazu, uns auch auf die Stachelbeersträucher einzustimmen.

Ellen und Fay: In den Gartenzeitschriften haben wir etwas über verschiedene Stutzformen für Stachelbeeren gelesen – hohe, dünne Formen, runde, ausgehöhlte Formen und so weiter. Wir würden gerne die Früchteerzeugung maximieren und nicht so von euren Dornen gepiekst werden, wenn wir eure Beeren in der Strauchmitte pflücken.

DdS: *Das ist der Preis, den ihr für uns zahlt!* (Dies wird mit einem breiten Grinsen und Humor übermittelt.) *Wir hatten doch wohl eine gute Ernte im letzten Jahr, oder nicht?*

Ellen und Fay: Ja, sicherlich, und das ist wirklich schön, vielen Dank. Was habt ihr zum Thema Zurückschneiden zu sagen?

DdS: *Zurückschneiden ist okay, aber wenn ihr euch dafür entscheidet, beginnt damit, wenn wir noch jung sind. Schneidet uns nicht zurück, wenn wir schon älter sind. Das ist schädlich. Also entscheidet euch jetzt. Was die Dornen anbelangt, denkt an das Lied "The Rose".* (Uns kommt die letzte Strophe in den Sinn.)

Just remember in the winter,
Far beneath the bitter snows
Lies the seed, that with the sun's love
In the spring becomes a rose.

[Denkt daran: Im Winter
tief unterm bitterkalten Schnee
liegt der Samen, der durch die Liebe der Sonne
im Frühling zur Rose wird.]

Ellen: Ah, das ist eine wunderbare Art, an eure Früchte zu denken, nicht an eure Dornen. Welche Vorteile haben diese beiden Stutzformen, die ich kürzlich in einer Zeitschrift gesehen habe? Eine sah aus wie ein Springbrunnen, die andere war hoch und schmal.

DdS: *Beide sind für mich in Ordnung. Wählt die Form, die ihr am besten gebrauchen könnt. Stutzen ist okay, solange eine Absicht und ein Plan dahinter stehen. Stutzen ist nicht von Nutzen, wenn es nur willkürlich erfolgt.*

Es macht uns Freude, mit euch zu sprechen. Wir sind eine lustige Truppe. Wir freuen uns, keine Beschwerden über unsere Stacheln und sauren Früchte zu hören. Wir mögen es zu plaudern. Fay, hast du uns schon als Tee probiert, so wie du es auch mit Johannisbeeren machst?

Fay: Hm, nein, noch nicht. Hört sich interessant an.

DdS: *Ellen, wann ist dein nächster Kurs "Gärtnern mit der Natur"? Wir würden uns freuen, Botschafter in deinem Kurs zu sein. Wenn du willst, können die Teilnehmer sich in ihren Übungen auf uns einstimmen.*

Ellen: Das wäre wunderbar! Ich muss unbedingt Fragen vorbereiten und geeignete "Deva-Sprecher" für meine Kursmitglieder anwerben. Danke schön, und vielen Dank für das lehrreiche Gespräch!

Bäume fällen

Unsere schnell wachsenden Pappeln sind unser nächstes Dilemma. Die Amerikanischen Schwarz-Pappeln *(Populus deltoides)* dringen vom Rand unseres Grundstücks direkt in die Gemüsegärten und auf den Rasen vor, und mitten auf dem Rasen lassen sich bereits weitere Pappel-Babys unseres Hauptbaums blicken. Die überall auftauchenden Pappel-Youngster wachsen um die 75 Zentimeter im Jahr und bilden ein emsiges Wurzelwerk, das die Bodenfeuchtigkeit schneller aufsaugt als die benachbarten Fichten- und Birkenwurzeln.

Von den Grenzen des Gartens ausgehend fallen die Pappeln in drei Manövern in unsere Gemüsegärten ein: lange Wurzeln, Triebe, die aus den Wurzeln herausragen, und tausende keimende Samen, die auf der Erde herumliegen. Ihr Vordringen unter und in die Gärten verläuft schneller, als wir sie ausjäten können. Wenn ich anfange, mit meiner Grabegabel eine hellbraune Wurzel hervorzuzerren, ziehe ich ein endloses unterirdisches Netzwerk harter Seile an die Oberfläche. Die Pappeln wecken in mir Gedanken an eine Axt und einen Bulldozer. Ich lecke mir die Lippen und koste das Vergnügen aus, sämtliche lästigen Pappelschösslinge an allen Ecken und Enden einfach umzunieten.

Einen Teil der Invasion hat unser eigener Haushalt verursacht. Mitten in unserem Vorgarten steht eine uralte, riesige Pappel. Ich kann meine Arme nicht komplett um ihren Leibesumfang legen, und ihre ausladenden Äste sind von beeindruckender Schönheit. Die majestätische alte Pappel schickt ständig neue Wurzeltriebe ins Feld. Als Experiment, um mehr Bäume und weniger Rasen zu haben, der gemäht werden muss, hatten wir einige dieser Baby-Pappeln wachsen lassen. Drei Jahreszeiten später gipfeln sie in zwei bis drei Metern Höhe. Als sie schließlich viereinhalb Meter hoch sind, wird uns klar, dass wir nicht alle Schösslinge behalten können. Wir wollen einige entfernen, die zu nah am Hauptbaum stehen, sowie einige, die unsere Aussicht verstellen. Die verbleibenden Youngster können dann den Bereich ausfüllen. Außerdem wollen wir die herabhängenden Äste der alten Pappel zurückschneiden, die uns immer ohrfeigen, wenn wir den Rasen mähen.

Die Pappel als Beraterin

Kürzlich haben wir gelesen, dass es wissenschaftliche Instrumente gibt, die die Schreie verletzter Pflanzen erkennen können. Es ist ganz sicher nicht unsere Absicht, den Pflanzen Traumata zuzufügen. Wenn wir uns darauf einigen könnten, *was* wir abschneiden, könnten wir dann auch lernen, *wie*? Es ist Zeit, die nervtötenden Pappeln selbst nach einem Weg aus diesem Durcheinander zu fragen.

Zum Glück einigen wir uns auf einen gemeinsamen Nenner. Jim, Fay und ich treffen eine Vereinbarung: Wir wollen alle jungen Pappeln entfernen, die an die Gärten grenzen. Diese Strategie wird die Fichten und Birken begünstigen, weil hierdurch der Wettstreit mit den Pappeln um Feuchtigkeit wegfallen wird und auch keine Wurzeltriebe mehr auftauchen werden. Außerdem einigen wir uns darauf, einige Schösslinge und herabhängende Speichen aus dem Pappelschirm zu entfernen.

Es fühlt sich nicht richtig an, einfach drauflos zu hacken. Das wäre genauso wie die weltweiten Plünderungen der Wälder durch Abholzung. Wir wollen also herausfinden, wie wir einen weiteren Hornstrauch-Vorfall vermeiden können.
Wir fragen den Deva der Pappeln um Rat.

Ellie und Fay: Deva der Pappeln als Sprecher aller Baumarten, wie können wir euch auf die harmonischste Weise beschneiden und stutzen?

Deva der Pappeln: *In der Vegetationsperiode hätten wir gerne vier Tage vorher eine Warnung. Wir brauchen zwei Tage, um den Schock zu überwinden, und zwei weitere, um unsere Energie abzusenken.*

Ellie und Fay: Wie stellen wir das am besten an?

Deva der Pappeln: *Geht zu jedem einzelnen Schössling, den ihr abholzen wollt. Berührt ihn, damit er weiß, dass ihr euch an ihn wendet. Dankt jedem Baum für sein Leben und seine guten Dienste. Sagt dem Baum, was ihr zu tun beabsichtigt – und warum. Dann bittet ihn, seine Energie in die Erde abzusenken. Da der gesamte Baum geopfert werden wird, fragt den Baum, ob es möglich wäre, seine Energien einem anderen Baum in der Nähe zu schenken. Benennt den benachbarten Baum, für den ihr euch die Energieübermittlung wünscht.*

Erklärt, dass ihr vier Tage bis zur Abholzung warten werdet. Wenn ihr dann zur Abholzung kommt, tut es mit Zuversicht. Ihr habt eure Wertschätzung bekundet. Eure Vorwarnung hat dem Baum geholfen, den Schock gering zu halten. Euer Vorschlag, Energie auf einen anderen Baum zu übertragen, hilft ebenfalls. Ein Geschenk zu machen ist etwas, was uns nicht möglich ist, aber euch schon, da ihr Menschen seid und einen freien Willen habt.

Ellie und Fay: Was, wenn wir nicht genau vier Tage später abholzen können? Was, wenn wir durch irgendetwas davon abgehalten werden?

Deva der Pappeln: *Ihr könnt es auch noch nach sieben statt vier Tagen tun. Danach wird es aber zu schwierig für die Bäume, ihre Energie festzuhalten. Ihr müsst es fest einplanen. Schaut in euren Kalender, oder markiert den Termin darin, so dass ihr das Datum eures Kommens wie versprochen einhalten könnt.*

Ellie: Ja, hier ist wohl einiges an Voraussicht notwendig. Wenn ich gerade Zeit habe und mich danach fühle, will ich einfach mit Säge und Axt loslaufen und mit dem Abholzen beginnen. Jetzt muss ich erst innehalten, genau festlegen, was ich tun will, und dann mit den Bäumen reden. Und dann darf ich einige Tage lang wieder nichts tun. Ich muss sicherstellen, dass ich meinen Termin mit den Bäumen auch einhalten kann.

Welche Methoden empfiehlst du zum Stutzen der Äste, statt gleich einen ganzen Baum zu fällen?

Deva der Pappeln: *Du musst genau wissen, was du zurückschneiden willst. Markiere die Äste. Bitte den Baum oder Strauch, seine Energie unter diese Schnittlinie abzusenken. Dann warte auch hier vier bis sieben Tage.*

Ellie: Wie markiere ich die geplanten Schnittlinien?

Deva der Pappeln: *Dafür gibt es verschiedene Möglichkeiten. Markiere sie mit leuchtenden Schnüren, Kreide oder Klebeband. Du kannst auch einfach nur die Hand auf die geplanten Stellen legen, aber dann wirst du Schwierigkeiten haben, dich an jede einzelne Stelle zu erinnern, wenn du einige Tage später wiederkommst. Wenn du einem dicken Strauch einen Haarschnitt verpasst, zeig ihm die generelle Linie oder Höhe, die du im Sinn hast. Berühre einige Äste auf der geplanten Linie, und bewege deine Hand entlang der gesamten Schnittlinie vor und zurück. Erkläre, dass du alles bis auf diese Höhe zurückschneiden wirst.*

Das ist ja wirklich eine langwierige Vorbereitung. Ich muss genau durchdenken, was ich abschneiden will, statt einfach mit Säge, Axt und Astschere loszupreschen. Als ich dann endlich mit dem Stutzen und Schneiden der Pappeln beginne, tue ich es trotzdem nicht ohne Sorge. Verursache ich dennoch Schmerzen oder Traumata? Ich frage: "Ist das in Ordnung für euch?" Ich bin überwältigt von der Antwort. Ich fühle große Wellen der Liebe und Dankbarkeit für meine Rücksicht. Eingehüllt in diesen Frieden machte ich weiter und genieße die Zeitlosigkeit. Die Anstrengung macht Spaß, aber keine Arbeit.

Tags darauf fragen Fay und ich den Deva: "Puh! Wir haben ganz schön viel planen und vormarkieren müssen! Macht dieses ganze Prozedere denn wirklich einen Unterschied? Wie war es für euch?"

Deva der Pappeln: *Oh, aber ja doch! Mehr als ihr je wissen werdet. Wir wünschten, wir könnten wirklich angemessen zum Ausdruck bringen, wie sehr ihr uns geholfen habt. Es hilft uns enorm, und die kleinen Wellen, die von eurem liebevollen Handeln ausgehen, breiten sich auch über euer Grundstück hinaus aus.*

Zwiebeln – Runde 1: Krabbelgetier in Knollen

"Haben Sie Zwiebeln?", fragt mich ein Kunde eines Freitagnachmittags in meiner Gärtnerei.

"Hm, wir haben den 27. Juli. Ein paar dürften schon reif sein", biete ich an und gehe zu den Zwiebelbeeten hinüber.

Erwartungsvoll ziehe ich eine heraus. Die Knolle ist schwarz. Ich rupfe noch eine Zwiebel aus der Erde, dann noch eine. Jede Knolle ist verfärbt und verfault. Das Knollenfleisch riecht streng. Was ist mit dem nächsten Beet? Das gleiche Bild. Eilig prüfe ich stichprobenartig meine fünf Zwiebelbeete. Jedes Beet ist fünfzehneinhalb Meter lang und weist zwei Zwiebelreihen auf. Und der Befall grassiert überall.

Der Kunde wartet und wundert sich. Ich beende meine hektische Suche und sage ihm, dass es mir leid tue, ich ihm aber doch keine Zwiebeln anbieten könne. Vielleicht ein anderes Gemüse?

Er verabschiedet sich, und ich stehe wieder über den Zwiebeln. Ist meine ganze Ernte ruiniert? Jetzt, Ende Juli, sollten die Knollen eigentlich groß genug sein, um damit kochen zu können. Ich ziehe noch ein paar heraus. Überall nur verkümmerte Wurzeln. Die ehemals festen, weißen Knollen sind matschig und deformiert. Ein Gestank des Verfalls steigt von dem ehemals gesunden Knollenfleisch auf.

Ich schaue genauer hin. Ein Gewimmel aus sich windenden, kleinen, weißen "Würmern" quillt aus der schwarzen Knolle hervor. Mir wird flau im Magen. Und jedes Zwiebelbeet ist befallen. Ich kann die Larven fast schon sagen hören. "He, wer stört uns da draußen? Woher kommt plötzlich das ganze Licht? Wir sind hier mit unserer Aufgabe beschäftigt – und die ist, uns den Bauch mit zarten, jungen Zwiebelknollen vollzuschlagen."

Das also sind die Übeltäter: Zwiebelmaden! Ich wälze meine Gartenschädlingsbücher und erfahre, dass diese spezielle Madenart zu Zwiebeln hingezogen wird; es handelt sich um eine andere Art als die Kohlmaden. Ihre Lebensspanne ist aber sehr ähnlich. Ich spreche mit Gartenbau-Veteranen im *Matanuska Valley*. Sie hatten noch nie Zwiebelmaden als Schädlinge. Die Viecher sind erst vor Kurzem in South Central Alaska eingewandert.

Verschlingt diese Landplage etwa auch meinen Lauch und Schnittlauch? Ärgerlich drohe ich den Schädlingen mit der Faust. Ich sehe aus wie in einer Szene aus *Vom Winde verweht,* in der Scarlet O'Hara eine Möhre gen Himmel erhebt und schwört: "Gott ist mein Zeuge!" Aber vielleicht sollte ich mich besser erst einmal beruhigen, wenn ich diesen Deva um Kooperation bitten will. Ich mache einen kurzen Spaziergang und bitte dann Fay um ihre besonnene Hilfe.

Zum Glück steht sie mir für ein spirituelles Gespräch zur Verfügung. Ich atme tief durch und überrede mich selbst zu einer Unterhaltung.

Ellie: Engel dieser Zwiebelmaden, eure Gestalt ist hier überall vertreten, und ihr nehmt euch viel zu viele Zwiebeln! Könnt ihr nicht einfach weggehen? Ihr seid zu viele, und ihr zerstört meinen gesamten Zwiebelbestand! Diese Ernte ist eine der Einkommensquellen meiner Gärtnerei. Außerdem planen wir, für unseren Haushalt einige Zwiebeln für den Winter einzulagern. Überall sehe ich eure Zerstörung. Pfui!

Deva der Zwiebelmaden (scheint sich durch meine Beschuldigungen nicht aus der Ruhe bringen zu lassen): *Du hast uns das Zwiebelparadies geschenkt und willst jetzt, dass wir fortgehen? Rede noch einmal Anfang nächsten Jahres mit uns. Stell dir die Situation aus unserer Sicht vor. Alles, was wir sehen, sind Zwiebeln, Zwiebeln und nochmals Zwiebeln. Du hast überall unsere Nahrung angehäuft, wohin wir uns auch wenden. Sehr lecker, wirklich!*

Ellie (Ich werde ruhiger, als ich den Deva ohne Gegenwehr oder Ärger sprechen höre.): Was empfiehlst du?

Deva der Zwiebelmaden: *Versuche, deine Zwiebeln beim nächsten Mal mit anderen Pflanzen zusammenzusetzen. Im Moment könntest du Ringelblumen zwischen deine Doppelreihen mit Zwiebeln setzen.*

In der Zwischenzeit: Lass die Leute uns anschauen! Wir sind wundervoll! Die Vögel fressen uns gern. Die Käfer fressen uns gern! Zeig uns her! Wir verkörpern eine großartige Gestalt!

Wir trennen die Verbindung, und ich grüble eine Weile über die Botschaft der Maden nach. Ich erkenne, dass ich nicht bereit bin, die gesamte Zwiebelernte aufzugeben. Ich muss **irgendetwas** verlautbaren. Was kann ich ins Feld führen? Ich werde noch einmal mit diesem Deva zusammenkommen müssen, um es herauszufinden.

Zwiebeln – Runde 2

Am 28. Juli marschiere ich hinaus in den Garten und stimme mich erneut auf den Deva der Zwiebelmaden ein. Ich will etwas ein für alle Mal klarstellen.

Ellen: Noch einmal hallo, Deva der Zwiebelmaden. Ich habe mich wieder beruhigt und darüber nachgedacht, was du gesagt hast. Das ist dabei herausgekommen.

Zuerst einmal weiß ich genau, was ich will. Ich will Kooperation mit dir. Ich bin die Hüterin dieses Gartens, und ich habe viel von seinen Geschöpfen und Bestandteilen zu lernen, genau wie ihr! Ich definiere Hüterin als diejenige, die plant und umsetzt, aber auch diejenige, die zuhört und kooperiert.

Zweitens verlange ich meinen gerechten Anteil. Ich halte das für eine legitime, angemessene Forderung. Ich brauche einfach eine gute Ernte und einen Wintervorrat an Zwiebeln, und Zwiebeln sind ein wichtiger Teil meines Auskommens. Ich bitte dich eindringlich, dir einen Plan einfallen zu lassen, der mir den Rest der nicht befallenen Zwiebeln lässt. Ich werde mit dir zusammenarbeiten und meinen Teil des Plans erfüllen.

Drittens erkenne ich an, dass deine hungrigen Larven sich bereits in enormer Zahl hier etabliert haben. Ich verstehe eure natürliche Programmierung, das riesige Zwiebelangebot hier in diesem Garten zu nutzen. Ihr tut einfach nur das, wozu der Schöpfer euch erschaffen hat. Es fühlt sich gut an zu wissen, dass ich respektvoll zu dir sprechen kann, ohne Groll gegen euch zu hegen. Wir können ehrlich miteinander umgehen. Ich vertraue darauf, dass du mir sagen wirst, was du bewirken kannst und was nicht.

So, jetzt weißt du, was ich denke. Ich will dir mit offenem Geist und offenem Herzen zuhören. Sag mir, was ich wissen soll.

Ich höre vom Deva der Zwiebelmaden keine Botschaft in Worten. Stattdessen bemerke ich ein starkes Ziehen in meinem Herzen, in meinen Eingeweiden und in meiner Magengrube. Es fühlt sich an wie ein ganz, ganz tiefes Sehnen oder eine Seelenverbindung. Es ist nicht unangenehm, aber so machtvoll, dass mir nicht wohl dabei ist. Ich will den Drehknopf finden, der die Lautstärke regelt. Wie lange kann ich diesen Griff um mein Herz, diese pulsierende Energie in meinem Brustkorb noch aushalten?

Ich bin mir stark einer liebevollen Präsenz bewusst, die mich umarmt und mir Liebe sendet. Ich bekomme eine Welle Gänsehaut nach der anderen. (Ich bekomme oft Gänsehaut, wenn ich mit Wahrheit und Liebe verbunden bin.) Ich bin zutiefst berührt. Ich fühle mich sehr umsorgt. Wie kann das sein? Ich bin eine Vertreterin der **Menschen** ... die die Erde und die Zwiebelmaden verfluchen, beschimpfen und verfolgen. Könnte dieser wundervolle Strom von Liebe wirklich vom Deva dieses verhassten Schädlings stammen?

Über mein Gesicht laufen Tränen. Ich spüre auch Erleichterung. Der Deva übermittelt mir keine Anschuldigungen, Abscheu oder Feindseligkeit. Ich höre kein "Pech gehabt, Gärtnerin, aber es ist zu spät, deine Zwiebelernte zu retten." Ich fühle Vergebung oder vielmehr bedingungslose Akzeptanz. Ich spüre nur Liebe und Wertschätzung. Ich verharre noch ein wenig und nehme dieses überwältigende Geschenk in mich auf.

Schließlich hole ich tief Luft. Still formuliere ich meinen Wunsch neu, einen Plan auszuarbeiten, und bitte darum, wieder in Kommunikation zu treten, sobald Fay mich unterstützen kann. Ich bedanke mich, so gut ich mich auszudrücken vermag, und trenne die Verbindung zu dem Deva. Dann fahre ich los, um noch ein paar Besorgungen zu machen.

Zwiebeln – Runde 3

Als ich auf die Einfahrt rolle, bemerke ich drei Elstern, die sich im Zwiebelgarten verteilt haben. Ich sehe, wie sie nach den Pflanzen picken. Ich hetze hinüber, um festzustellen, um welche Pflanzen es sich handelt. Es sind schwarze und gelbe Zwiebeln, aber sie sind intakt. Die Erde um sie herum allerdings ist aufgewühlt. Ich ziehe einige Zwiebeln heraus in der Erwartung, das übliche Larvenpicknick an den Wurzeln zu sehen. Nichts! Kann ein Vogel mit seinem Schnabel unter die Knolle gelangen, wo die Maden leben?

Ich sehe unter Zwiebeln nach, die nicht von Elstern gepiesackt wurden. Diese hat Maden und diese und diese ... huch! Aus dem Loch flitzt ein Tausendfüßler und macht mich stutzig. Die Zwiebel hat keine Maden. Hm. Üblicherweise fressen Tausendfüßler andere winzige Insekten. Hat dieser hier etwa Maden gefressen?

Ich staune, und mir kommen die Tränen. Ich plumpse auf die warme Erde neben den Zwiebeln. Der Gedanke schlägt ein wie ein Blitz: Mir wird gezeigt, dass Elstern und Tausendfüßler Madenjäger sind. Könnte dies hier eine Bühne sein, und die Schauspieler kommunizieren mit mir? Der Deva muss wohl gerade einen Dokumentarfilm drehen, um mir zu zeigen, wie Zwiebelmaden auch anderes Leben im hiesigen Lebensnetz ernähren. Und ich erkenne ein noch größeres Wunder. Der Deva zeigt mir, dass sich sein Kooperationsplan bereits in der Umsetzung befindet. Ja, genauso fühlt es sich an. Ich bin voller Ehrfurcht vor diesen liebevollen Geschenken. Das hier ist Kommunion, nicht nur Kommunikation.

Ich wärme mich an diesem Wunder. Es dauert lange, bis ich mich wieder gesammelt habe und ins Haus zurückgehe.

Zwiebeln – Runde 4

An diesem Abend bringe ich Fay über das devische Drama im Zwiebelgarten auf den neuesten Stand. "Ich habe gerade eine persönliche Aufführung des Nahrungsnetz-Theaters gesehen", erzähle ich. "Außerdem bringt mich der Pflanzenbefall dazu, meine eigenen Bedürfnisse zu erkennen. Ich lerne gerade, dass es mir enormen Mut abverlangt hat, geltend zu machen: ‚Das ist es, was *ich* will. Ihr habt euren Anteil schon.'"

Ich schildere, so gut ich kann, wie der Deva mich auf meine beherzten Forderungen nach einem Kooperationsplan hin einfach in Liebe gebadet hat. Nun endlich lerne ich, wie es sich anfühlt, durch das Band der Liebe mit allen Lebewesen verbunden zu sein.

"Fay, würdest du mir bitte wieder helfen, mich einzustimmen? Ich bin bereit zu erfahren, was der Deva der Zwiebelmaden noch so auf Lager hat." Wir eröffnen das Gespräch.

Ich spreche für uns beide: "Deva der Zwiebelmaden, herzlichen Dank für deine Liebe und deine dramatisierte Lektion! Welchen gemeinsamen Plan hast du für uns ausgeheckt?"

Deva der Zwiebelmaden (übermittelt uns verschiedene Dinge; Fay hört in ihrem Kopf das bewegende Lied "O, Mystery". Es stammt aus der Messe *Misa Gaia* des Musikers Paul Winter. Die

Botschaft lautet): *Fühle das Mysterium (den liebevollen Schöpfer) in uns, in den Maden, in allem.*

Der Deva zeigt mir eine Bilderfolge:
1. Ich sehe eine schillernde Fliege, die die ausgewachsene Form der Zwiebelmade verkörpert. Sie schlägt mit den Flügeln, zuerst langsam, dann schneller.
2. Die Fliege erhebt sich von der Erde zwischen den Zwiebelreihen.
3. Ich sehe, wie ich das fliegende Insekt im Flug einfange und ihm irgendetwas in die Augen reibe.
4. Eine Hand erscheint. Anstelle von Fingerspitzen hat sie Prismen. Ich sehe sie zum Gruß winken. Dann gräbt sie energisch eine Zwiebel nach der anderen aus und vertilgt alle darin befindlichen Maden.
5. Dann sehe ich mich selbst winzige Zwiebelsetzlinge in den Boden einpflanzen, wie ich es dieses Frühjahr getan habe.
6. Ich schaue zu, wie die Zwiebelsetzlinge zu reifen Zwiebeln mit großen Knollen und hohen Spitzen heranwachsen.
7. Schließlich sehe ich Bühnenlichter und Scheinwerfer, die auf einen Star gerichtet sind, und ein frenetisch jubelndes Publikum.

Wir bitten um Hilfe, um die Bedeutung besser zu erfassen. Wir erfahren, dass der Deva bereit ist, weit mehr zu tun als nur mit mir zusammenzuarbeiten. Die Zwiebelmaden sind dabei, eine magische Speziallösung zu meinem Nutzen zu entwickeln. "Das Zeug auf den Augen" bedeutet, dass die ausgewachsenen Maden, die bereit zum Eierlegen sind, so geblendet werden, dass sie den Gartenabschnitt mit den Zwiebeln nicht finden werden. Das bedeutet, dass keine neuen Larven mehr schlüpfen und sich breitmachen werden. Der Deva wird systematisch die Larven von jeder Zwiebel entfernen (mit Prisma-Fingern).

Die Zwiebeln erholen sich vollständig von den Schäden durch die Maden und reifen zu gesunden Küchenzwiebeln heran. Ganz wie das Symbol für die Neupflanzung von Zwiebelsetzlingen gezeigt hat, gibt es für die Zwiebeln einen Neuanfang.

Die Jubelszene und die Scheinwerfer sind die Art des Devas zu sagen: "Und dann werde ich zum Superhelden!" Der Deva hat einen schelmischen, unbeschwerten Sinn für Humor. *Wow!*

Ich werde von Freude und Demut überflutet. Zum ersten Mal erkenne ich, dass ich es wirklich liebe, diese Wesen in meinem Garten zu haben. Ich hatte ja schon eine kleine Ahnung von dieser Dankbarkeit, als ich mit Charlie arbeitete, der Kohlmade. Jetzt fühle ich einen Schwall Liebe und Wertschätzung für die Göttlichkeit aller Geschöpfe, selbst in den Maden, die meine Pflanzen auffressen! Diese Organismen, die ich Schädlinge genannt habe, sind ein Teil der Artengemeinschaft. Ihr Geist ist so überaus liebevoll. Außerdem sind sie humorvoll, ehrlich, hilfsbereit und kommunikativ! In vielerlei Hinsicht sind die Devas umgänglicher als viele Menschen.

Am 29. Juli entdecke ich immer noch eine Menge Larven, als ich für einen Kunden einige Zwiebeln ernte. Aha! Der Prozess wird also noch eine Weile dauern. Am 2. August gehe ich nochmals zum Zwiebelbeet. Alle Zwiebeln sind sehr kräftig, stark und gesund. Ich kann nichts Welkendes und auch keine Maden mehr entdecken. Am 21. September mache ich große Augen. Es ist wie ein Wunder! Ich ernte dralle Zwiebeln für die Kunden, die gerne welche hätten, und habe selbst noch einen großen Vorrat, den ich für den Winter einlagern kann.

Meinen allergrößten Dank an dich, Deva der Zwiebelmaden!

Zwiebeln – Wie geht's, wie steht's?

Eine Erkenntnis lässt mich plötzlich zusammenzucken, und ich suche eilig nach Fay, um uns für ein spirituelles Gespräch einzustimmen. Fay unterstützt mich, während ich mit meinem Bittgebet an den Deva der Zwiebeln herausplatze.

Du meine Güte, Deva der Zwiebeln, wir haben dich völlig ignoriert! Wir haben ständig nur mit dem Deva der Zwiebelmaden geplaudert. Unser Augenmerk war nur auf die Probleme mit der Ernte gerichtet. Wir haben **über** dich gesprochen, aber nicht **mit** dir. Ups! Wir sollten besser aufhören und uns erst einmal vorstellen. Es ist Zeit, dass wir direkt mit dir sprechen, persönlich.

Deshalb hallo, und danke, dass ihr hier wachst. Wie geht es euch denn?

Deva der Zwiebeln (mit kräftiger, fröhlicher Stimme): *Wir strahlen vor Energie und vollführen unsere herrlichen Phasen des Lebens und Wachstums. Wir mögen euren Garten. Es stört uns nicht, von anderen Lebensformen gegessen zu werden, ob Zwiebelmaden oder Menschen.*

Fay und Ellen: Nun, vielen Dank, dass du mit uns sprichst. Übrigens, habt ihr auch genügend Platz zwischen den einzelnen Pflanzen?

Deva der Zwiebeln: *Der Abstand zwischen den Pflanzen ist in Ordnung. Ihr könnt das nächstes Jahr wieder genauso machen. Wir könnten noch mehr Kalium in unseren Beeten gebrauchen.*

Ellen: Okay, danke schön. Ich werde mehr Kali verteilen. Braucht ihr sonst noch irgendetwas?

Deva der Zwiebeln: *Wir bitten euch dringend, Blumen zwischen die Zwiebelpflanzen zu setzen.*

Fay: Empfiehlst du eine bestimmte Blumenart?

Deva der Zwiebeln: *Nein, pflanzt einfach welche, die in vielen bunten Farben blühen. Wählt Sorten, die nicht hoch wachsen, damit sie keinen Schatten auf das Zwiebelgrün werfen. Und pflanzt auch noch anderes Gemüse zwischen die Zwiebeln.*

Fay und Ellen: Okay, und nochmals vielen Dank. Wir wissen euch und eure köstliche Form zu schätzen. Was wäre Kochen und Essen ohne euch Zwiebeln!

Ich frage mich, ob ich mich in der ganzen Betriebsamkeit des kommenden Frühlings an alle diese Informationen erinnern werde. Es werden 35 Pflanzenarten um meine Aufmerksamkeit konkurrieren.

Zwiebeln – Runde 5

Ich beiße die Zähne zusammen. Ich zwinge mich selbst aus meiner Aufschieberitis hinunter auf Hände und Knie. Ich krieche in Gartenbeeten herum, die aussehen wie kniehohe Planwagen aus dem Wilden Westen. Ich muss meine folienbedeckten Tunnel freilegen, um das unsichtbare Wachstum der Zwiebeln darunter zu überprüfen.

"Das ist blindes Gärtnern", murmele ich. "Kein Wunder, dass ich keine richtige Lust habe nachzuschauen, was sich unter den Drahtbögen und weißen Abdeckungen so tut. Ich habe es eilig, und es ist immer einfacher, frei stehende Pflanzen zu inspizieren statt so etwas hier."

Aber dennoch bin ich stolz auf meine neu erworbenen Polyester-Abdeckungen. Die Kataloge schwärmen davon, wie wirkungsvoll sie Schädlinge abhalten. Sie sind eine chemiefreie Lösung und ein Abschreckungsmittel, das biologisch zertifiziert ist. Nach vier Jahren, in denen ich einfach keine Zwiebeln gepflanzt habe, ist diese Abdeckung für mich ein neues Instrument, das neue Hoffnung weckt. Behutsam grabe ich die Enden der im Boden verankerten Abdeckungen aus und spähe in die Miniatur-Conestoga-Wagen-Beete, um zu sehen, was mit den diesjährigen Zwiebeln so los ist.

Was zum Kuckuck? Das kann doch nicht wahr sein! Überall verwelkende, vergilbende Zwiebelstrünke. Ich ziehe ein paar heraus und sehe sie mir genauer an. Oh, oh. Jeder hat verrottende Knollen, an denen es von meinen alten Freunden, den Zwiebelmaden, nur so wimmelt.

Nervös blicke ich um mich und versuche nachzudenken. Ich habe hier **elf Pfund** Zwiebelsetzlinge gepflanzt. Ich habe sie mühevoll eingesetzt und von Unkraut befreit. Es ist jetzt Ende Juni, zu spät zum Neupflanzen.

Ach Mensch! Meine neuen Abgrenzungen sollten doch funktionieren. Deshalb habe ich dieses Jahr doch Meter um Meter dieser schwebenden Beetabdeckungen gekauft. Das Polyester ist dazu gedacht, die Saison zu verlängern, die Pflanzen vor Frost zu schützen UND diese fliegenden Ungeheuer davon abzuhalten, Eier auf meine Pflanzen zu legen. Ich hatte so ein Vertrauen in dieses Produkt, dass ich alle Zwiebeln zusammen gepflanzt habe. Ich musste sie zusammenlegen, um die Beete mit der Folie abdecken zu können. Nun muss ich feststellen, dass ich erneut einen schweren Befall mit Zwiebelmaden habe! Ist meine Ernte jetzt komplett ruiniert?

Ich weiß nicht weiter. Die einzige verbleibende Option ist es, mich demutsvoll mit dem Deva der Zwiebelmaden in Verbindung zu setzen ... wieder einmal.

Ellen: Deva der Zwiebelmaden, ich bin erstaunt über die hohe Anzahl von Maden in den Zwiebeln – trotz meiner Abdeckungen. Was ist da los?

Deva der Zwiebelmaden: *Die Beetabdeckungen haben einen gewissen Zustrom verhindert, haben aber nicht alle ausgewachsenen Fliegen davon abgehalten, einen Weg durch oder unter den locker gewebten Stoff zu finden. Die Fliegen sind hartnäckig! Genauer gesagt haben die Abdeckungen nicht mehr Schäden an den Zwiebeln verhindert, als die gute alte Mischkultur es getan hätte.*

Ellen: Verstehe. Ich mache mir Sorgen, die ganze Zwiebelernte zu verlieren. Was können wir unternehmen?

Deva der Zwiebelmaden: *Für dieses Jahr ist es zu spät, noch etwas zu stoppen. Rede nächstes Jahr wieder mit uns.*

Ellen: Es ist für mich nicht akzeptabel, einen kompletten Verlust hinzunehmen. Und es ist für mich auch nicht akzeptabel, bis zum nächsten Jahr zu warten. Deva der Zwiebelmaden, lass uns kreativ werden! Ich will eine Vereinbarung mit dir treffen, damit ich in dieser Saison wenigstens einige Zwiebeln ernten kann. Was würdest du vorschlagen?

Deva der Zwiebelmaden: *Vielleicht gibt es zwei Strategien – eine für diese Saison und eine für nächstes Jahr. Für dieses Jahr ist es zu spät, die Schäden wieder rückgängig zu machen. Ich empfehle eine gründliche Entfernung aller befallenen Zwiebeln.*

Ellen: Und wie?

Deva der Zwiebelmaden: *Grabe alle befallenen Zwiebeln aus den Beeten aus. Grabe mindestens 15 Zentimeter unter alle Wurzeln und 15 Zentimeter über die Reihen hinaus. Und werde auch alle Schnittlauchpflanzen im Kräutergarten los. Sie beherbergen Larven, die sonst heranwachsen und deine anderen Lauchpflanzen kolonisieren werden.*

Es geht darum, mit neuen, sauberen Pflanzen neu zu beginnen und alle Larven zu entfernen, die überwintern könnten. Und zwar am besten jetzt gleich, statt bis zum Ende der Saison zu warten, wenn unsere Population erheblich gewachsen ist.

Ellen: Meinst du damit, unter die kränklichen Zwiebelstrünke zu gehen, die Zwiebeln und die Erde darunter zu entfernen und zu versuchen, die gesunden nicht zu stören?

Deva der Zwiebelmaden: *Ja.*

Ellen: Wow! Das ist ein ordentlicher Buddelauftrag. Und wohin soll ich diese Mengen an Erde und madengefüllten Zwiebeln schaffen?

Deva der Zwiebelmaden: *Bring sie zur Kippe oder WEIT weg. Ihr könnt sie auch an einen See bringen. Die Fische können die Maden fressen.*

Ellen: Ich möchte aber trotzdem ernsthaft darum bitten, dass ihr nur fünf Prozent der Pflanzen für euch beansprucht.

Deva der Zwiebelmaden: *Auch nach deinem Buddelprojekt sollten wir besser zehn Prozent sagen. Wir werden versuchen, unsere Population im Gleichgewicht zu halten, um nicht deine gesamte Ernte aufzufressen. Es wird gut sein, einen Neuanfang zu machen, wenn du das mit dem Ausgraben und Entsorgen so durchziehen kannst.*

Ellen: Und was ist nächstes Jahr?

Deva der Zwiebelmaden: *Rede im Februar wieder mit uns Zwiebelmaden. Wenn du deine Planungen für den Garten machst, plane auch ein Gespräch mit uns ein. Wende dich an uns, wenn du entschieden hast, was du pflanzen willst, wo und wie viel.*

Ellen: Und was kann ich sonst noch tun?

Deva der Zwiebelmaden: *Nochmals empfehlen wir, Zwiebeln im ganzen Garten dazwischenzupflanzen, mal hier und mal da. Andernfalls gewährst du uns wieder freies Essen im Zwiebelparadies.*

Ellen: Wie sieht es mit diesen Polyesterfolien aus?

Deva der Zwiebelmaden: *Probiere beide Methoden aus. Pflanze einige Zwiebelsetzlinge unter die Folien, und schließe sie besser mit dem Boden ab. Pflanze andere Zwiebeln ohne Folienabdeckung, aber mische sie mit verschiedenen anderen Pflanzen. Bringe außerdem Abdeckungen über deinen neuen, nicht befallenen Lauchpflanzen an.*

Ellen: Und ich sollte natürlich weiter Fruchtwechsel praktizieren.

Deva der Zwiebelmaden: *Ja, pflanze Zwiebeln immer dort, wo du sie im vorigen Jahr nicht angepflanzt hast.*

Ellen: Nun, vielen Dank, Deva der Zwiebelmaden. Ich werde mein Bestes tun, um deine Empfehlungen alle umzusetzen. Ach, weißt du, jetzt habe ich gerade gemerkt, dass wir schon so lange gesprochen haben und ich dich noch gar nicht nach deinem Namen gefragt habe! Hast du noch einen anderen Namen außer "Deva der Zwiebelmaden"? Wie würdest du gerne genannt werden?

Deva der Zwiebelmaden: *"Deva der Zwiebelmaden" ist gut. Behandle uns, wie du deinen besten Freund behandeln würdest.*

Ellen: Vielen Dank! Ich weiß deine Ratschläge und deine Großzügigkeit wirklich sehr zu schätzen. Du hilfst mir, meine "Ich hasse Schädlinge"-Einstellung und andere Gedanken zu überwinden, die nur zu Krieg führen! Es macht mir Mut, mit dir im Februar planen zu können. Bis dann!

Ich befolge den Ausgraben-und-Entsorgen-Tipp. In den nächsten Tagen schaffe ich gigantische Mengen Erde und verrottende Zwiebeln weg! Im September schließlich ernte ich einige sehr schöne, reife Zwiebeln, die Kontrollmaßnahmen haben also angeschlagen. Ich heimse genügend Zwiebeln für den Haushalt ein, aber nicht genug zum Verkauf. Aber ich bin einfach nur dankbar, dass ich nicht die gesamte Ernte verloren habe.

Ah, wenn der Februar da ist, werde ich sicher ganz Neues und Erstaunliches lernen. Ich kann es kaum abwarten, den Plan des Deva in die Tat umzusetzen und mich im Sommer an einer riesigen, madenfreien Zwiebelernte zu erfreuen.

Über Reihenabdeckungen

Das dünne Material besteht aus Polyester und ist so ähnlich gewoben wie der Futterstoff unter einer Couch. Die leichten Abdeckungen bieten Schutz vor Insekten, wenn sie über Pflanzenbeeten angebracht werden. Reihenabdeckungen lassen Licht und Wasser hinein, halten aber ausgewachsene Fliegen fern, die nach Wirtspflanzen für ihre Eier suchen. Reihenabdeckungen bieten außerdem Schutz vor Frost bei minus 1-6 Grad. Sie sind inzwischen in den Gartenkatalogen allgemein unter der Marke Reemay, Agribon usw. verbreitet. Es gibt sie mit unterschiedlichem Gewicht und in verschiedenen Stärken, um die Saison zu verlängern. Pfleglich behandelt sind sie auch noch im Folgejahr einsetzbar.

Zwiebeln – Runde 6

Juhu! Es ist Februar! Zeit für meine lang erwartete Verabredung mit dem Deva der Zwiebelmaden.

Eifrig suche ich meine Gartenplanungsdokumente zusammen und berufe meine zuverlässige Mitstreiterin Fay ein. Dann lasse ich mich für ein produktives Planungsgespräch mit den Zwiebelmaden nieder. Ich bin so aufgeregt wie ein Kind an Weihnachten. Ich bin bereit für die große Enthüllung! Der Deva wird ein tolles neues System präsentieren – eine Methode, um mehr Zwiebeln mit dramatisch weniger Madenschäden zu ernten. Was wird es sein? Eine bestimmte Fangpflanze? Irgendein Raubinsekt, das ich loslassen kann? Behandlungen mit Holzasche?

Wir eröffnen das Gespräch, stellen die Verbindung her und bitten um Empfehlungen aus dieser hohen geistigen Quelle.

Der Deva der Zwiebelmaden stöhnt einfach nur und fragt: *Meine Güte, findest du wirklich, dass du deine Zwiebeln selbst züchten musst? Sie sind so anfällig für Schädlinge. Vielleicht könntest du es ja mal mit Narzissen als Fangpflanzen versuchen. Aber könntest du dir nicht auch überlegen, Zwiebeln einfach zu kaufen? Zwiebeln sind nicht so teuer, und du hättest außerdem mehr Platz für andere Pflanzen. Ich bin einfach nicht allzu optimistisch, dass ich dir eine große, nicht befallene Ernte versprechen kann.*

Höre ich richtig? Das ist alles? Dass ich gut daran täte, mein Ziel aufzugeben, Unmengen selbst gezüchteter Biozwiebeln zu erzeugen? Ich argumentiere. Ich versuche, die Frage anders zu stellen. Fay bestätigt die Botschaft: Vergiss es, Zwiebeln anzubauen. Die Mühen werden einfach nicht die gewünschten Ergebnisse bringen. Ich blicke auf meine Gartenplanungskarte. In meinem Kopf dreht es sich. Ich werde wohl einen oder zwei Tage brauchen, um meinen optimistischen Schwung zu drosseln.

Schließlich überzeugt mich der Deva der Zwiebelmaden. Aber als die Frühlingserde taut, kann ich nicht widerstehen und pflanze doch noch eine Haushaltsmenge Zwiebeln an. Diesmal pflanze ich ein Pfund (anstelle von elf Pfund) Zwiebelsetzlinge "mit Tarnkappe". Ich verteile sie hier und da, versteckt zwischen Bohnenkraut, Sellerie und Roter Bete.

Dann im September, nachdem ich alle Gemüsereste entfernt habe, entdecke ich die einst versteckten und schon längst vergessenen Zwiebeln wieder. Wie sehen sie aus? Ich bestaune die eindrucksvoll großen, gesunden und makellosen Knollen. Und ich entdecke KEINE Zwiebelmaden.

Ich frage andere Gemüsebauern im *Mat Valley*. Sie sagen mir, dass die Zwiebelmade auch für sie in dieser Saison praktisch nicht existent war. Wir spekulieren, dass die schwierigen Wetterbedingungen im März und April wahrscheinlich die Population ausgelöscht haben. Vielleicht war das genau der *eine* Sommer, in dem ich gigantische Zwiebelmengen hätte anbauen können.

Es scheint so, dass sogar mein Berater, der Deva der Zwiebelmaden, nicht immer genau die vielen Variablen von Saison zu Saison genau vorhersagen kann. Es scheint auch so, dass ich die Lektion der Mischkultur nur sehr langsam und mit großer Starrsinnigkeit gelernt habe. Der Deva hat es mir geduldig bewiesen.

Wenn ein Gärtner verschiedene Blumen, Kräuter und Gemüse im selben Beet anpflanzt, dann imitiert er in jedem Fall die Weisheit der natürlichen Ökosysteme. Vielfalt verwirrt die Schädlinge wirkungsvoll, minimiert die Verbreitung von Krankheiten und Schäden und maximiert die Schönheit von Farbe, Textur und Aroma.

> ### Fachbegriffe: Monokultur, Begleitpflanzen und Mischkultur
>
> **Monokultur:** Es wird eine einzige Pflanzenart in einem Beet oder einem Feld angepflanzt. Mit einer Monokultur ist es für Schädlinge einfach, ihre bevorzugte Futterquelle zu finden und mühelos von einer Pflanze zur nächsten zu wandern.
>
> **Begleitpflanzen:** Es werden kompatible Arten gemischt zusammengepflanzt, da die chemischen Eigenschaften einer Pflanze das Wachstum der anderen fördern. Zwiebeln gedeihen zum Beispiel gut neben Roter Bete, Erdbeeren, Tomaten, Salat und Bohnenkraut. Nicht besonders gut geht es ihnen neben Bohnen und Erbsen.
>
> **Mischkultur:** Es wird eine Mischung aus Blumen, Gemüsesorten und Kräutern zusammen angepflanzt. Hierdurch werden Schädlinge davon abgehalten, ihre bevorzugten Wirte zu finden und die Monoreihe komplett zu vertilgen. Wenn Sie zum Beispiel Zwiebelgewächse pflanzen, setzen Sie Salbei und andere Kräuter, Blumen und Gemüse dazwischen. Pflanzen Sie die Zwiebelgewächse überall im Garten statt alle in einem Beet.

Weitere Möglichkeiten für den Umgang mit Schädlingen finden Sie in Anhang 1.

Mutter Erde lehrt mich Prävention: Umgang mit Schädlingen, Unkraut und Krankheiten

Langsam aber sicher schult mich Mutter Natur. Dieser Garten ist mein Übungsgelände. Ich lerne, was ich zu erwarten habe. Mithilfe von genügend Erfahrung, Gartenliteratur, Gartenbauexperten, anderen Gärtnern und spirituellen Gesprächen könnte ich tatsächlich lernen, emotionale Bremsschwellen in Form von Frustration, Selbstmitleid und Beleidigtsein zu umgehen, wenn wieder einmal eine Invasion zugange ist. Ich kann erwarten:

- Prävention ist die beste Strategie.

- Aber auch dann können Schädlinge auftreten, und ihre Population kann sprunghaft ansteigen. Ihre Zahl ist oft in der kritischen Zeit auf dem Höchststand, wenn Setzlinge und Jungpflanzen gerade im Teenageralter sind. Wenn ich die ersten Schäden sehe, weiß ich, dass ich bald noch wesentlich mehr sehen werde.

- Jede Vegetationsperiode scheint eine andere vorherrschende Schädlingsart zu bevorzugen.

- Wenn Krankheiten und Schädlinge auftreten, sind sie Botschafter. Die Natur schickt mir eine Botschaft. Die Botschaft lautet: "Ellen! Die Wachstumsbedingungen in deinem Garten sind uns förderlich. Es gibt Faktoren, die uns anziehen und unsere Ausbreitung begünstigen. Die Situation unterstützt die Explosion unserer Population. Irgendetwas ist zu unseren Gunsten aus dem Gleichgewicht geraten. Einige Faktoren liegen in deiner Kontrolle. Sei eine Detektivin und sieh dich um."

Ja, liebe Naturgeister und devische Lehrer, ich lerne, Präventionsstrategien in meine Gartenpläne einzubauen, als da wären:

1. Fang mit dem Boden an. Stelle sicher, dass er über ausreichend organisches Material, Feuchtigkeit und ein gesundes Nahrungsnetz sowie einen breiten, ausgewogenen Bestand an Mineralien verfügt. Prüfe und verbessere das alle ein bis zwei Jahre, um den Boden fruchtbar und den Mineraliengehalt ausgewogen zu halten.

2. Wähle Sorten, die für dein Mikroklima und deine Bioregion geeignet sind. Je mehr ich versuche, Grün zu pflanzen, das am besten in wärmeren Zonen als meiner gedeiht, desto härter werde ich arbeiten müssen. Zu versuchen, in Alaska Tomaten, Mais und Paprika im Freien anzubauen, erfordert eine Menge Brimborium, zusätzliche Wärme, Überwachung, Plastik, Hege und Pflege. Ein entschlossener Gärtner kann wahrscheinlich jede Pflanzenart anbauen, wenn er bereit ist, den richtigen Schutz, die passenden Temperaturen, Windschutz und Feuchtigkeit zu gewährleisten, um den Klimastress zu

meistern. Wie viel Kosten und Mühe bin ich bereit aufzuwenden?

3. Halte einen Fruchtwechsel ein. Baue dieselbe Pflanzenfamilie nicht ein zweites Jahr in denselben Beeten an, die Schädlinge warten nur darauf.

4. Lege eine Mischkultur an, oder pflanze verschiedene Blumen, Kräuter und Gemüse nebeneinander. Vermeide Monokultur (eine einzige Sorte pro Beet). Verwende idealerweise Begleitpflanzen. Diese Vielfalt verwirrt die Schädlinge, wenn sie versuchen, den richtigen Wirt zu finden.

5. Wenn du eine Monopflanze säst, verwende eine Barriere oder ein Spray, das die Schädlinge daran hindert, sich an der gesamten Reihe den Bauch vollzuschlagen. Polyesterabdeckungen sind eine gute Barriere, wenn sie peinlich genau mit dem Boden abschließen. Schädlingssprays sind zum Beispiel Seife, Knoblauch, Pfeffer usw.

6. Überwache und denke im Voraus. Gelbe und blaue Klebefallen sagen mir, welche Insektenschädlinge beginnen, Fuß zu fassen. Ich muss schnell nützliche Raubinsekten loslassen können, wenn mir die Fallen ein Schädlingsproblem anzeigen.

7. Pflanze ein bisschen mehr, als du wirklich brauchst. Wenn ich absichtlich noch zehn Prozent extra für meine Mitgeschöpfe pflanze, kann ich mich entspannt zurücklehnen und sie einen Teil der Ernte genießen lassen. Ich scheine immer reichlich für den menschlichen Verzehr übrig zu haben. Dieser Spruch über das Pflanzen hat noch immer seine Gültigkeit:

> *Eine für die Amsel,*
> *eine für die Krähe,*
> *eine für die Erdraupe,*
> *und eine zum Wachsen.*

8. Kurz gesagt: Schaffe dir keinen Garten, der Probleme heraufbeschwört. Wende die genannten Präventionsstrategien an, um für reiche Ernten zu sorgen, auch wenn unerwartet Schädlinge oder Krankheiten auftreten.

9. Und schließlich vergiss nicht, mit den Lebensformen in und um den Garten herum zu kommunizieren, zu kooperieren und zu kokreieren. Liebevolle Diplomatie ist viel zufriedenstellender als bitterböse Kriegsführung.

Salat:
Ich wurde eingeschleimt!

Ich bin eine stolze Mama. Meine Babys sind meine Salatköpfe. Ich kenne sie, seit sie als winzige Saat aus ihren Sechserpacks geschlüpft sind. Meine Kids haben jetzt Wurzeln geschlagen, tiefer und tiefer in ihr Zuhause, das ich ihnen im Garten bereitet habe. Ich sehe ihnen gerne dabei zu, wie sie ihre Blätter ausbreiten und einen Baldachin über ihre Beete aus einst blanker Erde breiten. Sie füllen die erdige Leinwand mit lebhaften Schattierungen aus Limone, Waldgrün, Burgunder und Magenta.

Was für eine Freude es ist, diese vielfältige Meute zu hüten: Kopfsalat, Blattsalat, Buttersalat und römischer Salat. Besonders freue ich mich darauf, den roten römischen Salat zu ernten. Ich habe diese Sorte noch nie ausprobiert, aber das Rot sieht hier im Garten genauso atemberaubend schön und vielversprechend aus wie im Saatenkatalog.

Als ich mir an diesem Morgen den Reifungsprozess ansehe, bin ich erstaunt. Die Pflanzen haben in wenigen Tagen ihre Größe verdoppelt! Alaskas langes Tageslicht im Sommer treibt das Wachstum wahnsinnig schnell an. Einige meiner Kids sind groß genug, um geerntet zu werden.

Ich greife mir mein Messer und hüpfe hinüber zu dem Abschnitt mit meiner neuesten Versuchssorte, dem roten römischen Salat.

Ich ziele, schneide und nehme mir das dunkelrote, blättrige Bouquet, um es zu bewundern. Dann entdecke ich einen äußeren Rand aus totem Gewebe. Ich sehe genauer hin.

Nein! Das kann nicht sein! Ist es der Einzige? Ich suche den Rest des Beetes ab. Ich sehe, dass fast jeder Salatkopf diesen horizontal gestreiften Saum zur Schau stellt. Ich schneide den Kopf auf. Uuh, das Innere ist zerquetscht. Der Kern – der knackig frisch sein sollte – offenbart lasche, bleiche, wässrige Blätter.

Ist es das, was man "Verbrennungen" und "Schleim" nennt? Keiner meiner Kunden will diesen römischen Salat haben, egal, wie toll das äußere Bouquet auch aussieht. Der arme Käufer würde ihn aus dem Kühlschrank nehmen, nur um festzustellen, dass der Kern nur noch ein schleimiges, fauliges Etwas ist.

Hm. Wie sieht es mit dem Eisberg- und Buttersalat in den nächsten Beeten aus? Sie scheinen zumindest äußerlich gesund zu sein. Ich drücke sanft einen Kopf zusammen, um ihn auf seine Festigkeit zu prüfen. Weich? Ich reiße die äußeren Blätter auseinander und spähe ins Innere. Meine Finger werden von blassgrünem Schnodder überzogen. Ich überprüfe den Rest. Durchnässt! Ekelhafter Schleimbefall im gesamten Beet.

In meinem Kopf dreht sich alles. Kann ich überhaupt **irgendeinen** Salat retten? Gewissenhaft inspiziere ich jede Pflanze in jedem Beet. Ich muss bei der Ernte sehr selektiv vorgehen. Schon ein kleines Fitzelchen Schleim bedeutet, dass sogar die guten Blätter bitter schmecken.

Seltsam. Normalerweise ist Salat in unserem Klima in Alaska problemlos anzubauen. Aber ich habe ganze Beet mit Salat entdeckt, der krank ist und nicht mehr verkauft werden kann. Ich bin immer so stolz auf meine große Ernte verschiedener Salatsorten gewesen. Ich kann mir überhaupt nicht vorstellen, **kein** farbenfrohes Salatgrün für meine Kunden anzubauen.

Was hat diesen Ausbruch verursacht? Und was kann ich gegen den Schleim und die Verbrennungen unternehmen?

Ich brauche die fachkundigsten Informationen, die es gibt – warum also nicht ein spirituelles Gespäch einberufen? Inzwischen fühle ich mich wesentlich erfahrener mit diesem Prozess. Also dann, rufe ich den Deva des Salats an? Oder den Deva des Schleims? Oder den Deva des Bodens? Ach herrje! Ich brauche ein ganzes Gremium an Devas: Boden, Salat und die Mikroben, die diese Krankeiten verursachen.

Ellen: Willkommen, liebes Beratungsgremium! Ich mache mir Sorgen wegen dieses Schleims und der Verbrennungen an den Rändern. Ich vermute, ihr würdet sagen, dass meine Kids total verzogen sind. Warum grassiert diese Infektion diesen Sommer so?

Beratungsgremium der Devas des Salats: *Der Juni war einfach zu heiß und zu sonnig für Salat. Eure Hitzewelle vor kurzem hat zur Schwere der Krankheiten beigetragen. Sie hat in einer kritischen Zeit im Lebenszyklus der Salatsorten zugeschlagen.*

(Still stelle ich fest, dass ich die Antwort erhalten habe, nach der ich gesucht habe. Ich wusste nicht, ob ich einen traurigen Salat, eine siegreiche Bakterie oder die Perspektive der Bodenmineralien hören würde. Puh!) **Ellen:** "Was kann ich in Zukunft tun, wenn wir wieder so ein Wetter haben?"

Devas: *Versuche, nächstes Jahr den Salat im Halbschatten zu pflanzen oder ihn vielleicht mit einem Tuch zum Schutz vor der Sonne abzudecken.*

Ellen: Was kann jetzt noch gerettet oder geborgen werden?

Devas: *Für den infizierten Salat, der jetzt ausgewachsen ist, ist es zu spät für eine Rettung oder Erholung. Nimm dir die äußeren Blätter für deinen Haushalt zum Essen, wenn du kannst.*

Ellen: Wenn ich die erkrankten Beete säubere, wohin bringe ich den verschleimten Salat? Ich will die Infektion nicht weiter verbreiten. Ist es sicher, ihn zu kompostieren?

Devas: *Eine Säuberung ist sehr wichtig. Das hilft, eine Neuinfektion zu verringern. Kompostieren ist etwas effektiver bei der*

Eindämmung der Schleimkrankheit, als ihn mit der Bodenfräse einzuarbeiten. Die beste Präventionstaktik wäre es, den gesamten verschleimten Salat aus dem Garten zu entfernen. Sammle möglichst alle Reste auf, und entsorge sie.

Ellen: "Entsorgen" heißt, sie in Mülltüten zur Kippe zu bringen? (Ich versuche zu vermeiden, Abfall zu erzeugen, der zur Deponie muss.)

Devas: *Ja. Die Kippe ist ein guter Ort zum Entsorgen deines infizierten Salats.*

Ellen: Was ist sonst noch bei der Säuberung zu beachten?

Devas: *Führe ein Energiereinigungsritual durch.*

Ellen: Du meinst, ich soll Machaelle Small Wrights Methode für diese Situation anwenden? Und wie genau?

Devas: *Ja. Stell dir wieder ein Tuch als Filter vor, und breite es unter den Salatbeeten aus, direkt unter den Wurzeln. Bitte darum, dass du, wenn du das Tuch anhebst, alle Folgen und Auswirkungen des Schleims in deinem Filter auffängst. Dann bitte die Naturgeister zu putzen und zu wienern. Bitte sie, alles zu säubern und alles wieder in Ordnung zu bringen, nachdem der Schleim entfernt wurde.*

Ellen: Und dann kann ich gefahrlos in genau denselben Bereichen wieder Salat anbauen?

Devas: *Nein. Pflanze oder setze keine neuen Salatsetzlinge in die infizierten Bereiche. Wenn sie noch jung sind, sind die Pflanzen schwächer und anfälliger für Schleim.*

Ellen: Okay. Fördert zu viel Feuchtigkeit auch die Schleimbildung?

Devas: *Ja. Wenn deine nächste Salaternte heranreift und Blätter bekommt, sprenge sie von oben mit Wasser. Deine Tröpfelschläuche unter den Pflanzen halten die Feuchtigkeit weiter im Boden.*

Ellen: Ich danke euch sehr! Ich bin erleichtert, eure Instruktionen zu hören. Als Gemüsegärtnerin will ich meinen Kunden auch weiterhin unbedingt Salat anbieten.

Ich schaufle und grabe, ändere mein Bewässerungssystem, führe die Reinigung durch und lade die Naturgeister auf meine Säuberungsparty ein. Als der Juli schließlich vorüber ist, frohlocke ich. Den kommenden Salaten in neuen Beeten wird es ganz sicher besser ergehen.

Die beiden darauffolgenden Sommer sind kühler, und ich ernte gesunden Salat. Puh! Nur im römischen Salat finde ich Schleim, daher höre ich auf, diese Sorte weiter anzupflanzen.

Dann kommt 1995. Ich "sprenge" mir meinen Weg durch einen ungewöhnlich trockenen, glühend heißen Juni. Anfang Juli schlägt der Schleim erneut zu. Was sollte ich noch mal dagegen tun? Ich hab's vergessen. Ich muss in meinem verlässlichen Spiralnotizbuch nachschauen.

Ich bin dankbar, die genauen schriftlichen Anweisungen vor mir zu haben. Bei einem spirituellen Gespräch hätte ich erst innehalten, mich geistig einstimmen, innerlich ruhig werden, Fragen formulieren und Eindrücke aufschreiben müssen. Jetzt kann ich mich direkt mit drastischen, aber präventiven Maßnahmen an die Arbeit machen. Das Ergebnis? Im Sommer darauf freue ich mich an gesundem Salat. Die Schleiminfektion breitet sich nicht weiter aus und greift nicht auf andere Pflanzen über. Hurra! Ich kann mich also weiterhin darauf freuen, meine bunte Salatauswahl großzuziehen und eine reiche Ernte einzufahren. Der Erfolg setzt sich mehrere Sommer lang fort.

Wieder einmal haben sich die Empfehlungen der Devas zum Umgang mit Schädlingen als zuverlässig erwiesen. Wissen Sie, so langsam traue ich diesen Devas und Naturgeistern wirklich.

Anmerkung: Für eine Zusammenfassung des Energiereinigungsrituals siehe Anhang 3; das oben beschriebene Ritual wurde leicht abgeändert.

Regentanz

Eine **Dürre** hat uns voll im Griff! Seit Mitte Mai hatten wir keinen Regen mehr, und jetzt ist Mitte Juli. Gras, Bäume und Gartenpflanzen haben extremen Durst. Ein trockener Wind setzt der grellen Nachmittagssonne noch einen drauf. Gerade in diesen Wochen braucht mein Babygemüse Regen am meisten. Ich sprenge und sprenge. Der Gartensprenger spendet zwar Wasser, aber es ist einfach nicht dasselbe wie Regen.

Heute endlich beginnt es, ganz leicht zu nieseln. Jan Pohl ist wieder einmal bei uns zu Gast, und wir schauen von drinnen zu und jubeln ... eine Minute lang. Der Regen hört wieder vollständig auf, der Himmel lichtet sich. Die Feuchtigkeit reicht nicht aus, um mehr als 2,5 Millimeter in die Erde einzudringen. Das kleine Bisschen leichte Nässe wird niemals irgendwelche Wurzeln erreichen.

Ach je! Was jetzt? Wir drei stimmen uns auf den Gartenengel ein und fragen ihn, ob es irgendetwas gibt, das wir tun können. Wir hoffen zu erfahren, wie wir mehr Regenwolken herbeizaubern können.

Gartenengel: *Geht nach draußen und tanzt! Tanzt im Regen.*
Wie bitte? Das hört sich verrückt an! Haben wir die Antwort auch richtig verstanden? Es sind doch nur ein paar Tropfen gefallen. Wir bitten um genauere Informationen.

Gartenengel: *Ja, das ist richtig. Dankt dem Regen. Tanzt, und tanzt aus Freude. Euer Tanzen wird den Nutzen des Regens verstärken. Tanzt ihn in die Erde hinein. Vertieft seine Reichweite und seinen Segen.*

Dann meldet sich der Gartenengel mit einer weiteren unerwarteten Bemerkung ab: *Wenn Fay möchte, kann sie drinnen bleiben und ein Nickerchen halten. Das ist genauso wichtig wie im großen Plan des Lebens zu tanzen.*

Jan, wie immer in munterer Stimmung, springt auf und sagt: "Dann mal los!" Sie hüpft aus der Tür in den Vorgarten. Zögerlich folge ich ihr.

Was machen wir hier eigentlich? Werden wir schon von Nachbarn beobachtet? Zweifeln sie ernsthaft an unserem Verstand? Ich weiß, wir haben um Rat gebeten, aber jetzt habe ich doch Zweifel und sperre mich.

Hui, hier kommt Jan und springt fröhlich durch den Vorgarten. Also schön! Wir bilden einen Kreis und jubeln. Wir jauchzen, stampfen und drehen uns. Wir tanzen den Regen in die Erde ein. Wir müssen es einfach. Wer sind wir, dass wir es besser wissen sollten als Mutter Natur? Und wer sind wir, dass wir den Nutzen des Tanzens bei Trockenheit anzweifeln könnten?

An wen wenden?

Wir bekommen immer mehr Erfahrung im Einstimmen, aber jetzt sind wir doch sehr neugierig geworden. Wenn wir eine bestimmte Frage haben und uns einstimmen wollen, um die Antwort zu erfahren, wen sollen wir dann anrufen? Die Themen sind ja ganz unterschiedlich. Sollen wir einen Spezialisten befragen? Wie sollen wir wissen, wen genau? Würden wir dann nicht andere Wesen mit hilfreichem Rat ausschließen? Oder sollen wir lieber einen allgemeineren Deva um Rat fragen?

Eine Frage zum Thema Unkraut könnte zum Beispiel dem Geist dieser Pflanze gestellt werden, aber Unkraut ist eng verknüpft mit Erde, Insekten, der benachbarten Pflanzengemeinschaft und dem größeren Ökosystem. Wen sollen wir anrufen? Und sollte dann bei einer Frage über die Ausgewogenheit des Bodens auf jeden Fall auch der Deva der Atmosphäre angerufen werden, wegen der kosmischen Einflüsse auf den Boden? Wie wenden wir uns an all die Mitglieder des mikroskopisch kleinen Nahrungsnetzes in der Erde? Würden dazu nicht auch die Naturgeister und Devas von Pilzen, Bakterien, Einzellern und Fadenwürmern zählen? An wen müssten wir uns dann wenden?

Janice Schofield und ich stimmen uns ein, um danach zu fragen, als ich sie in Homer besuche. Wir haben beschlossen, die Frage einfach an den Großen Geist im Allgemeinen zu richten. Dann werden wir innerlich ruhig, um eine Antwort von wem auch immer zu erhalten. Das sind die Antworten, und sie scheinen einen hervorragenden, allzeit gültigen Leitfaden abzugeben.

Wenn ihr eine Frage aussendet, sendet diese ein Signal aus, wie ein Gong. Dieses Signal setzt sich fort und bewegt sich durch die Reiche. Wir empfehlen euch, folgendermaßen zu verfahren.

1. Stellt eure Frage.
2. Sagt Dank für die Antwort.
3. Empfangt die Informationen.

Ihr seid von Wesen umgeben, die euch lieben. Euch werden Spezialisten aus dem jeweiligen Fachgebiet antworten. Ihr braucht nicht im Dunkeln zu tappen und zu raten, wen ihr zu fragen habt.
Wenn ihr jedoch ein bestimmtes Wesen benennt, dann ist dieses Wesen ein Sprecher für die anderen, die über die meisten Informationen zu eurem Thema verfügen.

Nacktschnecken: Die Invasion

"Oh, Ellen, alles, was du gehört hast, ist wahr. Sie sind fürchterlich", ruft Kate Nilsson, meine Gärtnerfreundin aus *Anchorage*. Normalerweise wird sie mit allem spielend fertig, aber heute ringt sie die Hände vor Verzweiflung.

"Jeden Tag nehme ich 40 bis 70 Nacktschnecken von jedem Salatkopf ab. Ganze Kolonnen kauender Schnecken haben meinen fast reifen Kohl zu kränklichen Skeletten gemacht. Und zwar in nur zwei Tagen!

Die Schnecken haben sich überall breitgemacht – sogar auf meinen Kräutern, meinem Möhrengrün und den stacheligen Radieschenblättern! Ich habe so etwas noch nie gesehen. Oh, meine kostbaren Tomaten in den Töpfen auf der Veranda! Als ich gesehen habe, was Nacktschnecken aus Tomaten machen können, habe ich tatsächlich den Appetit verloren. Ich habe sie aufgegeben. Kürbisse und Bohnen anzupflanzen kannst du auch vergessen.

Wenn Nacktschnecken einmal auf Touren gekommen sind, kann man sie fast unmöglich wieder loswerden. Ich denke ernsthaft darüber nach, meinen Garten in *Anchorage* aufzugeben. Ich komme einfach nicht mehr damit nach, 250 Schnecken pro Abend per Hand aufzulesen. Wenn du kannst, rate ich dir, Nacktschnecken fernzuhalten!"

"Meine Güte", sinniere ich, "ich bin gerade erst nach Palmer gezogen. Ich habe noch keine Berichte über Nacktschnecken im *Matanuska Valley* gehört, wo wir gerade Land gekauft haben, um eine riesige Gärtnerei aufzubauen."

"Oh, lass dich bloß nicht davon abbringen!", antwortet Kate. "Ich beneide dich." Kate ist Absolventin der Permaculture School und mit Schädlingsproblemen in verschiedenen Klimata vertraut. Das Gärtnern gehört für sie einfach unbedingt zum Leben dazu.

Auch andere Gärtner aus *Anchorage* stimmen bald in Kates Horrorgeschichten mit ein. Die explodierende Nacktschneckenpopulation ist in der ganzen Stadt auf dem Vormarsch. Sie sind wie einfallende Wikinger – mit alarmierender Geschwindigkeit ziehen sie plündernd durch die Gegend. Die Geschichten der Zerstörung überzeugen mich. Ich will nichts mit Nacktschnecken zu tun haben! Mein neuer Garten ist meine Hoffnung auf ein neues geschäftliches Unternehmen. Ich gelobe Widerstand!

Wie genau habe ich mir diese Schnecken also vorzustellen? Wie halte ich sie fern?

Ich studiere den Feind. Ich lerne, dass das respekteinflößende Geschöpf, das zu solchen Raubzügen fähig ist, eigentlich einen verletzlichen, weichen Körper hat. Eine Nacktschnecke ist lediglich eine Schnecke ohne Haus. Sie umhüllt sich mit Schleim. Eine Nacktschnecke hat keine Beine, aus ihrem Kopf ragen Stiele mit Augen. Die *Anchorage*-Art hat einen beigen oder braunen Körper. Ausgewachsen ist sie nur knapp vier Zentimeter lang. Theoretisch ist das ja durchaus interessant, aber IGITT!

Wie halte ich einen Schädling fern, der rasend schnell unterwegs ist, Blätter zu Skeletten raspelt und sich schneller vermehrt als Kaninchen?

Oh, oh. Ich lerne zu spät.

Erst mehrere Monate später treffe ich meine Gartenbau-Mentorin Jean Bochenek. Jean erzählt mir, dass sie in all den Jahren, in denen sie nun schon ein Gewächshaus in *Anchorage* betreibt, noch nie von Nacktschnecken gehört hat. Nicht in *Anchorage*. Die heutige Art ist ein Neuimport. Gärtnereien und Landschaftsgärtner haben sie unwissentlich aus den Staaten der amerikanischen Westküste nach Alaska eingeschleppt, in Topfpflanzen, Sträuchern und Bäumen. Jeder Import von Pflanzenmaterial nach Alaska birgt die Gefahr, auch Nacktschnecken mit einzuschleppen. Nacktschnecken oder deren Eier in der Erde können mit jeder Lieferung von Büschen, Beerensträuchern, Bäumen und Stauden mittrampen. Da Nacktschnecken immer sieben bis 15 Eier auf einmal legen, kann ihre Population in einer Saison wie Pilze aus dem Boden schießen.

Jean ermahnt mich, darauf zu achten, keine Nacktschnecken in Setzlingen, Feuerholz oder sonst etwas versehentlich ins Valley zu bringen!

Oh, oh!

Jean warnt mich anderthalb Jahre zu spät. Ich habe bereits stolz meinen Komposthaufen aus *Anchorage* hergebracht. Munter habe ich alten *Anchorage*-Trödel in diesen Garten verfrachtet. Ich habe unschuldig einen kleinen Kirschbaum von drüben hierhin umgepflanzt. Ich fordere Leute aus *Eagle River* (direkt neben *Anchorage*) auf, säckeweise geschnittenes Gras für meinen Kompost und Mulch bei mir abzuladen.

Gütiger Himmel, ich habe persönlich dazu beigetragen, eine Nacktschnecken-Vorhut im Großraum von Palmer zu kolonisieren. Wow! Ich frage mich, wie viele andere Flüchtlinge aus *Anchorage* wohl schon Nacktschnecken in dieser schnell wachsenden Gemeinde verbreitet haben, die wir das *Matanuska-Sustina Valley* nennen?

Ich beginne, mich nervös umzuschauen.

Ich erspähe zwei Nacktschnecken im langen Gras, das den Garten säumt. Oh nein! Bitte nicht! Ein paar Wochen später finde ich zwei weitere am Rand der Tür zum Brunnenschacht. Ich will nicht mit ihnen reden. Ich will einfach nur, dass sie weggehen. Selbst wenn ich sie von unserem Grundstück entfernen kann, können sich die Nacktschnecken in einem benachbarten Garten weiter verbreiten und immer mehr Eier legen. Hilfe! Ich will keine Bevölkerungsexplosion!

Peng, Peng! Ich zerschmettere sie mit meiner Schaufel. Wie viele andere Nacktschnecken haben hier schon Fuß gefasst?

Im folgenden Frühling, als ich den Garten bepflanze, versuche ich, die Möglichkeit einer klammheimlichen Vermehrung von Nacktschneckenarmeen zu ignorieren und zu leugnen. Schließlich entdecke ich ein weiteres Individuum. Aha – der Feind! Ich erhebe meine Waffe. Meine nagende Panik stachelt mich an, mit aller Kraft zuzuschlagen. Rotte jede einzelne aus, hier und jetzt! Bevor die Nacktschnecken meinen Lebensunterhalt verschlingen!

Mitten im Schwung erstarre ich. Ich muss zugeben: Ich fühle mich unwohl mit meinen überbordenden Ängsten und meiner Kriegsbereitschaft. Ich verwandele mich gerade in einen wütenden Lynchmob, bestehend aus einer Person. Genau das will ich doch vermeiden. Gärtnern sollte mehr Spaß machen als das hier. Hat Findhorn nicht einen anderen Weg aufgezeigt? Schaudernd senke ich meine Waffe.

Ich muss der Sache ins Gesicht sehen. Ich beschließe, zuerst das Gespräch zu suchen. In meinen Stiefeln zitternd bitte ich Fay um ihre Unterstützung beim Einstimmen. Das Gespräch verläuft so:

Fay und Ellen: Deva der Nacktschnecken der Art, die ich hier auf meinem Grundstück angetroffen habe, dürfen wir in Kontakt mit deinem kollektiven Bewusstsein treten?

Ellen: Ich hoffe, dass wir in bewusster Verbindung miteinander stehen. Ich kann es nicht genau sagen, möglicherweise wegen meiner Abneigung und Ablehnung. Ich kann es nicht genau sagen, weil ich Angst vor euch habe. Das heißt, es hat mir Angst gemacht, euch hier vorzufinden. Es hat mir Angst gemacht, mit euch zu reden. Ich wünschte, ihr alle könntet einfach verschwinden. Ich fürchte, dass meine Gärtnerei und meine Art und Weise, mir meinen Lebensunterhalt zu verdienen, ruiniert werden, wie in den Gärten von *Anchorage.* Ich habe einen Knoten im Magen vor Angst, dass ich vielleicht mit dem Gartenbau aufhören muss.

Aber ich versichere, dass dieser Garten ein Ort des Gleichgewichts ist. Ich würde euch gerne bitten, zu diesem Gleichgewicht beizutragen. Wenn ihr hier lebt, hätte ich gerne, dass ihr eure Zahl gering haltet, damit wir keine Überbevölkerung an Nacktschnecken haben.

Stehen wir in Kontakt, und würdet ihr eine solche Vereinbarung in Erwägung ziehen?

(Das ist eines der wenigen Male, dass ich wirklich Worte in meinem Kopf höre, und die Worte hauen mich um wie ein kräftiger Fausthieb.) **Deva der Nacktschnecken:** *Bevölkerung? BEVÖLKERUNG! Es sind die Menschen, die eine Bevölkerungsexplosion haben! Wir <u>versuchen</u>, im Gleichgewicht zu bleiben, und wir <u>wollen</u> im Gleichgewicht bleiben. Aber unsere Art spiegelt die Energie der Menschen wider. Es gibt zu viele Menschen, und sie leben zu eng beieinander. Wir können nichts daran ändern. Wir nehmen ihr chaotisches Denken auf, ihren Stress und ihren Rausch. Die Folge ist, dass wir uns schneller vermehren, als wir wollen. Wir mögen das auch nicht. Aber was können wir tun, die wir versuchen in einer so energiegeladenen Umgebung zu leben?*

Wenn die Menschen ihre Bevölkerung kontrollieren würden, könnten auch wir das tun! Die Menschen hier sollten sich selbst das Wesen des Gleichgewichts aneignen, statt uns zu sagen, wir sollen ein natürliches Gleichgewicht einhalten!

Fay und Ellen: Puh! Für uns Menschen ist es eine Sache zu meinen, dass wir zu viele Menschen auf der Welt haben und dass unsere Bevölkerungsexplosion negative Auswirkungen hat. Aber es ist eine ganz andere Sache, einen Engel das bestätigen zu hören! Wir wussten nicht, dass die starke menschliche Vermehrung auch eure Geburtenraten in die Höhe treibt! Wenn die Menschen jemals ihre Vermehrung unter Kontrolle bekommen sollten, was geschähe dann mit der Fortpflanzungsrate von euch Nacktschnecken?

Deva der Nacktschnecken: *Unsere Art wäre direkt betroffen, und wir würden in unserer Population entsprechende Veränderungen haben.*

Ellen: Traurigerweise ist es ja eher unwahrscheinlich, dass die Menschen das in absehbarer Zeit freiwillig tun werden. Gibt es einen Weg, wie wir eine gegenseitige Abmachung mit euch hier in *Good Earth Gardens* treffen könnten? Könntet ihr nicht einfach verschwinden?

Deva der Nacktschnecken: *Puh! Das ist sehr viel verlangt. Nein, wir können nicht einfach verschwinden. Wenn du uns an einen neuen Ort bringst, dann lassen wir uns genau dort nieder. Wir haben nicht darum gebeten, hier zu sein, aber es ist unsere Heimat geworden. Du hast uns hierhin gebracht. Wir sind hier nun fest angesiedelt. Als Deva erschaffe ich die Lebensform der Nacktschnecken. Das ist meine Aufgabe. Das ist die Verpflichtung eines Devas. Mich zu bitten, mich zu bremsen, ist wie zu versuchen, einen Wasserfall aufzuhalten.*

Aber du bittest um Kooperation, und auch das ist unser Wesen. Lass uns darüber nachdenken. Wende dich morgen wieder an uns.

Fay und ich trennen die Verbindung und lassen diesen emotionalen Angriff und die Neuigkeit, dass die Nacktschneckenformen nicht einfach verschwinden können, erst einmal sacken. Ich bin erleichtert, dass ich bis morgen eine Atempause habe.

Nacktschnecken: Der Tag danach. Die Abmachung

Fay und Ellen: Wir sind zurück! Deva unserer Nackschnecken, dürfen wir in eine bewusste Verbindung mit dir treten?

Wir danken dir sehr, dass du bereit bist, mit uns zu reden, uns zu helfen und über Wege nachzudenken, um eure Population zu kontrollieren. Wir räumen ein, dass das eurer devischen Natur widerspricht. Es widerspricht euren Instinkten und eurer grundlegenden Art und Weise zu überleben und euch zu vermehren. Es sind die Menschen, die eure Vermehrung beschleunigen. Es hört sich an, als müssten wir Menschen die Verantwortung übernehmen. Unser eigenes Bevölkerungswachstum und wüstes Verhalten sorgt bei euch für ein Ungleichgewicht, genauso wie unsere Angewohnheit, euch Nacktschnecken in neue Gebiete zu transportieren.

Wir würden sehr gerne mit euch zusammenarbeiten. Was hast du dir Neues einfallen lassen?

Deva der Nacktschnecken (Fay empfängt die folgende ausführliche Mitteilung durch eine Stimme in ihrem Kopf. Sie dringt ganz klar zu ihr durch. Ich empfange nur sehr wenig – vielleicht hier und da eine vage Vorstellung. Fay wiederholt laut, was sie von dem Deva hört. Schließlich entspanne ich mich und gebe es auf, angestrengt zu versuchen eine Mitteilung von den Nacktschnecken zu erhaschen. Ich lehne mich zurück, konzentriere mich auf die Fragen, die ich stellen will, und höre Fays Stimme die Antworten übermitteln.):

Ja, uns zu bremsen läuft meinem Ziel zuwider, diese Lebensform zu erschaffen, das heißt, diese Art der Nacktschnecken.

Es gibt hier bei dir einige Bereiche, die sehr feucht und anziehend für uns Nacktschnecken sind. Einer davon ist dein "Wildwuchsbereich", wie du ihn nennst. Diese Ecke mit den alten Bäumen und dem langen Gras ist ein Ort, der länger nass bleibt als der Rasen. Ein weiterer Bereich verläuft am Haus entlang. Vom Dach tröpfelt es hier auf den Boden, und die Ziersträucher rund um das Fundament spenden ständig Schatten. Wir lieben Feuchtigkeit! Dann ist da noch dein Kompostbereich und dein Garten. Kompost ist sehr einladend. Dein Gemüse ist einladend. Dinge wie Asche sind weniger einladend. Wir mögen keine Asche. Verteile Asche dort, wo du uns nicht haben willst.

Ellen: Nun, du sagtest, dass ihr hier fest angesiedelt seid. Welchen Bereich hättet ihr gern für euch?

Nacktschnecken (sehr aufgeregt und lebhaft): *Was wir gerne hätten?! Oh, danke, dass du fragst!!! (In jubelndem Tonfall) Wir hätten gerne folgende Bereiche für uns:*

1. *Die Vorderseite des Hauses. Wir hätten gerne die generelle Erlaubnis, die feuchte Schneise und den nördlichen Rand am Haus entlang zu benutzen, vom Holunderbusch bis zur Veranda.*

2. *Einen Teil des Gehölzes, das du den Wildwuchsbereich nennst, am Seitengarten. Wir hätten gerne einen Abschnitt dieses Wildwuchsbereiches für uns, begrenzt von dem umgestürzten Baum, dem Drahtzaun, dem Pfad zur Hundehütte und dem Seitengarten. Könnte das die Stelle sein, an der*

Nacktschnecken sich gefahrlos aufhalten können? Wir hätten diese Stelle gerne als Rückzugsort.

3. Den alten Komposthaufen am Seitengarten, den du bei deinem Umzug mitgebracht hast. Dürfen wir einen Teil davon in unserem Bereich haben, ohne Asche darauf? Mach einen speziellen Komposthaufen für uns.

Ellen: Ihr wisst ja sehr genau, was ihr gerne hättet. Ich glaube, ich kann mir die allgemeinen Bereiche gut vorstellen. Diese Stellen sind sehr vernünftig, und sie sind nicht groß. Wahrscheinlich leben eure Formen dort ohnehin schon.

Ja, dein Vorschlag hört sich sehr fair für mich an. Wir werden sie zugewiesene oder erlaubte Bereiche nennen. Ja, ihr könnt den Bereich haben, den ihr als euren Rückzugsort vorgeschlagen habt. Ich werde dort ein bisschen umräumen und den Komposthaufen für euch mehr in die Mitte eures Rückzugsortes setzen. Dann werde ich ihn euch als "Rückzugsort der Nacktschnecken" widmen.

Werden eure Formen die Grenzen kennen? Können sie sie erkennen, wenn sie auf sie zukriechen?

Nacktschnecken: *Wir werden es ungefähr wissen, aber es wäre wesentlich besser, wenn du uns helfen könntest, indem du die Grenzen markierst.*

Ellen: Wie kann ich sie markieren, damit ihr innerhalb der Grenzen bleibt?

Nacktschnecken: *Streu einen dicken Streifen oder Saum aus Holzasche entlang der Grenzen. Mach ihn etwa neun bis 13 Zentimeter breit.*

Fay: Lass mich sehen, ob ich mir das ausmalen kann. Ich glaube, ich sehe, was der Deva beschreibt. (Sie fertigt eine Skizze an.) Zeigt das die Grenzen so, wie du sie vorschlägst?

Nacktschnecken: *Das ist eine sehr gute Zeichnung. Ja, wir stimmen zu.*

Ellen: Ihr werdet einen Pfad brauchen, um euch zwischen dem Rückzugsort und der Vorderseite des Hauses hin- und herbewegen zu können, oder?

Nacktschnecken: *Oh ja, das wäre wunderbar!*

Ellen: Okay. Ihr wollt Streifen aus Asche als Umriss für eure Grenzen. Dann wollt ihr eine "entmilitarisierte Zone", in der ihr leben könnt. Ich versuche jetzt, den Komposthaufen zu visualisieren, den du erwähnt hast. Ihr wollt den Komposthaufen umgestellt haben? Bitte erläutere das.

Nacktschnecken: *Mach ihn groß, ziemlich groß.*

Ellen: Ich verstehe nicht.

Nacktschnecken: *Schütte ihn hoch auf. Stell ihn in die Mitte unseres Rückzugsortes. Mach ihn ziemlich groß. Leg ihn an, indem du den alten, vorhandenen Komposthaufen umsetzt. Gib uns etwa die Hälfte seines Materials. Durchnässe ihn für uns.*

Ellen: Wozu soll er dienen?

Nacktschnecken: *Es wäre ein grandioser Spielplatz für uns.*

Ellen: Ein Spielplatz? Meine Güte, du hörst dich so formell und ernsthaft an. Ich wäre nie darauf gekommen, dass ihr gerne einen Ort zum Spielen hättet.

Nacktschnecken: *Oh, doch!*

Fay: Ich empfange das Bild eines Berges ... so würde der neue Komposthaufen für eine Nacktschnecke aussehen. Ich sehe kleine, drollige Nacktschnecken mit Rucksäcken, die auf die Spitze klettern. Die erste Gruppe erreicht den Gipfel und hisst dort eine Fahne auf einem Mast!

Ellen: Nun, wir lernen gerade mehr über euch. Vielen Dank für diese Begegnung, Deva der Nacktschnecken. Ich werde mich mit der Asche aus dem Holzofen an die Arbeit machen. Ich werde Grenzen aufstreuen und euren Spielplatz einrichten. Wir verabschieden uns jetzt und werden uns später wieder melden, wenn ich weitere Fragen habe.

Nacktschnecken: Ein Name und ein magisches Rezept

Einige Tage später verkündet Fay überraschend: "Ellie, ich empfange gerade immer wieder dieselbe Botschaft in meinem Kopf. Der Deva der Nacktschnecken möchte dich gerne sprechen."
Oh? Okay!

Fay und Ellen: Deva der Art der Nacktschnecken in unserem Garten, wir bitten darum, wieder in bewusste Verbindung mit dir zu treten. (Wir warten ein paar Sekunden, bis wir die Verbindung spüren, und fahren dann fort.) Was möchtest du uns wissen lassen?

Fay (Wieder hört Fay die Mitteilung des Devas in ihrem Kopf und gibt sie laut an mich weiter.): Ellie, das sagt mir dieser Deva: Die Nacktschnecken würden gerne ein Signal vereinbaren für den Fall, dass sie deine Aufmerksamkeit wollen. Sie schlagen eine Methode vor. Der Deva der Nacktschnecken sagt, dass er erst versuchen wird, meinen Geist zu kontaktieren. Wenn das nicht klappt, wird eine Nacktschnecke deine Aufmerksamkeit erregen, indem sie sich auf die erste Stufe des vorderen Treppenabsatzes setzt. Sieh dir diese Stufen immer genau an, wenn du kommst und gehst. Aber jeder von uns kann jederzeit in Kontakt treten, wenn wir den Wunsch dazu haben.

Ellen: Sehr gut! Wo wir gerade miteinander sprechen, ich habe noch mehr Fragen, Deva der Nacktschnecken. Erstens, hast du einen Namen, mit dem du gerne angesprochen werden würdest, neben "Deva der Nacktschnecken"?

Deva der Nacktschnecken (Wieder kann Fay devische Botschaften hören und sie mir laut diktieren. Ich empfange nichts direkt.): *Ja, ihr könnt mich "Bob, Deva der Nacktschnecken" nennen. "Robert" wäre genauer.*

Fay: Er hört sich an wie unser wissenschaftlicher Freund Bob Jones. Er wählt seine Worte genau und objektiv.

Ellen: Sehr schön, dann werden wir dich "Robert" nennen! Übrigens, ich habe euren Berg aufgeschüttet. Hattest du ihn so im Sinn?

Robert: *Hervorragend.*

Ellen: Wollt ihr ihn feucht haben?

Robert: *Halte ihn in der nächsten Zeit nass. Und decke ihn auch mit schwarzer Plastikfolie ab.*

Ellen: Ich habe Asche aus dem Holzofen geholt, sie gesiebt und entlang der Grenzen ausgestreut. Jetzt haben wir einen Nacktschnecken-Zaun – aus Asche. Möchtet ihr sonst noch etwas?

Robert: *Halte deine Einfahrt immer frei von Blättern und Schmutz, besonders an der Tür und am Treppenabsatz. Der Zement ist für Schneckenfleisch sehr rau und gibt deshalb ebenfalls einen guten Begrenzungszaun ab.*

Ellen: Okay. Übrigens, habt ihr eigentlich natürliche Feinde, die euch fressen?

Robert: *Mäuse finden und fressen einige unserer Eier. Gelegentlich frisst ein Vogel eine ausgewachsene Nacktschnecke. In dieser Bioregion hier gibt es keine Kröten.*

Ellen: Was sind die wichtigsten Bereiche für weitere Asche?

Robert: *Jeder deiner drei Komposthaufen braucht einen Schutzring. Leg eine breite Aschegrenze um sie herum an, genau wie die Grenzen für die Zonen, die du umrissen hast. Tu das Gleiche* *mit den Gartenabschnitten. Begrenze jeden Abschnitt mit einem dicken Aschestreifen. Erneuere diese Streifen immer wieder.*

Fay: Ich bekomme nur selten Bilder zu diesen Mitteilungen, aber diesmal sehe ich unsere drei Hauptgärten aus der Vogelperspektive. Ich sehe jeweils Rot an den Rändern, wo die Asche hin soll.

Robert: *Von jetzt an verteile Asche auch über jedem Gartenabschnitt. Tu das nach der Arbeit mit der Bodenfräse. Dieses Jahr, da gerade Herbst ist und deine reifen Pflanzen im Weg sind, verteile die Asche auf den Pfaden zwischen den Gemüsereihen.*

Ellen: Auf den Fußwegen? Muss die Asche nicht unter das Gemüse, um Nacktschnecken wirkungsvoll abzuhalten? Mir scheint es unmöglich, unter jeden einzelnen reifen Kohl und unter das ganze Kartoffelgrün, die Zucchini und den Brokkoli zu gelangen.

Robert: *Asche kann weit verteilt werden. Nachdem du sie auf den Pfaden verstreut hast, bitte die Naturgeister, sie in den Beeten zu verteilen.*

Ellen: Wie das? Und wird die Asche den pH-Wert des Bodens nicht zu alkalisch für ein optimales Wachstum der Pflanzen machen?

Robert: *Lade die Naturgeister, mich, den Deva der Asche und den Deva des Bodens ein, sich dir anzuschließen. Formuliere dein Ziel und deine Bitte. Bitte die Naturgeister, die Asche auf den Beeten zu verteilen. Bitte sie darum, gerade so viel zu verteilen, dass Nacktschnecken abgehalten werden, ohne dass der pH-Wert des Bodens nachteilig ansteigt. Stecke all deine Energie in diese Aufgabe.*

Ellen: Wow, das ist toll! Vielen Dank, dass du ein ganz spezielles Verfahren nur für meine Situation erfunden hast, Robert!

Ich marschiere hinaus und probiere es aus. Tatsächlich fühle ich ein emsiges Treiben und Verteilen von Material. Die Naturgeister unterhalten mich mit humorvollen Bildern, während sie ihre Arbeit verrichten. Ich muss laut lachen. Was für ein Spaß!

Nacktschnecken: Redet eigentlich sonst noch jemand mit euch?

Nach all den Monaten nagender Angst fühlt es sich gut an, mit den Nacktschnecken zu kommunizieren. Ich frage mich: Sind wir Pioniere? Oder kommunizieren auch andere Menschen mit ihnen? Vielleicht haben die Nacktschnecken ja eine Standard-Empfehlungsliste aufgestellt.

Deshalb frage ich: "Robert, reden auch noch andere Menschen mit dir?"

Robert antwortet: *Nicht mit Worten, die ich gerne höre.*

Seine Stimme klingt unbeschwert, aber ich verstehe, was er meint. Was Nacktschnecken am meisten von Menschen hören, sind Flüche! Der Klang von Roberts Stimme und das innere Lächeln, das ich spüre, sagen mir, dass er jedoch seinerseits keinen Groll hegt.

Nacktschnecken: Grenzen und Abwehrmittel

"Hallo noch einmal, Robert, Deva der Nacktschnecken! Danke, dass du hier bist. Wir haben Fragen an dich", erkläre ich und eröffne eine weitere Sprechstunde mit unserem unsichtbaren Freund.

"Ich habe eine einzelne Nacktschnecke gefunden, die sich außerhalb der Begrenzungen aufhielt. Sie war im Hintergarten und hielt auf den Kompostbereich zu. Diese ausgewachsene Schnecke war weit von eurem Rückzugsort entfernt. Was soll ich mit solchen Eindringlingen machen?

Robert (Fay übermittelt wieder die Botschaft): *Im Hintergarten sollen keine Nacktschnecken sein. Nicht jede Nacktschnecke fügt sich dem Gruppenbewusstsein. Es gibt Rebellen. Als Deva kann ich nicht jedes Individuum befehligen und komplett kontrollieren. Das sind Rebellen, die ich nicht im Hintergarten haben will. Wenn du sie findest, beseitige sie.*

Fay: Meinst du damit, ich soll sie zurück in den erlaubten Bereich tragen?

Robert: *Ach, weichherzige Fay. Nein, ich meine, rotte die Rebellen aus. Ich will keine Nacktschnecken im Hintergarten.*

Bitte tu das im Sinne unserer gegenseitigen Hilfe, gemäß unserer Vereinbarung. Danke ihnen für ihr Dasein, und dann zerschmettere sie oder was auch immer. Ein schneller Tod ist immer vorzuziehen.

Ellen: Es ist sehr großzügig von dir zu empfehlen, sie zu töten, da du als Deva doch das Leben deiner Form förderst, in deinem Fall die der Nacktschnecken. Ich weiß dein Zugeständnis für unsere Abmachung zu schätzen. Ich danke dir dafür. Also muss ich mich jetzt auf die gründliche Jagd nach Rebellen machen?

Robert: *Bitte schön. Der Tod ist nichts Schlimmes, und mit deinen Patrouillen handelst du nach unserer beidseitigen Vereinbarung. Und nein, eine Jagd ist nicht notwendig. Kümmere dich lediglich um die Eindringlinge, wenn du sie siehst.*

Ellen: Was ist mit meinen Komposthaufen? Meines Wissens ist Kompost doch eine herrliche Attraktion für Nacktschnecken. Ich habe gelesen, dass Nacktschnecken einen überaus guten Geruchssinn haben, mit dem sie Kompost in allen seinen Verfallsstadien orten können. Ich will sie davon fernhalten. Muss ich auch auf diese Komposthaufen Asche als Abwehrmittel streuen?

Robert: *Erneuere immer wieder die Aschebegrenzungen rund um deine Komposthaufen, wie wir es besprochen haben. Wenn Nacktschnecken und Eier in Komposthaufen Fuß fassen, werden sich überall Nacktschnecken verbreiten, wenn du den fertigen Kompost dann im Garten verteilst.*

Deswegen, ja, streue Asche auch auf die Komposthaufen selbst. Der Deva des Bodens hat dich angewiesen, den Komposthaufen Holzasche beizumengen. Dies ist ein zweiter Grund, Asche zu verwenden – als Schutz vor Nacktschnecken.

Ellen: Worum soll ich bitten?

Robert: *Bitte mich und die Naturgeister sowie den Deva des Bodens um Unterstützung. Bitte dieses Team darum, genügend Asche unter die Komposthaufen zu mischen, um Nacktschnecken abzuhalten, ohne dabei den für die Pflanzen optimalen pH-Wert des Bodens aus dem Gleichgewicht zu bringen.*

Ellen: Robert, vielen Dank für diese spannenden Ratschläge! Du hast uns wieder viel Bemerkenswertes mitgeteilt.

Nacktschnecken: Ein abgekartetes Spiel

"Robert, ich denke da über etwas nach. Jedes Mal, wenn wir uns auf dich einstimmen, hört Fay dich deutlich in ihrem Kopf. Sie hört dich in Wörtern, Sätzen und Absätzen sprechen. Deine Kommunikation ist immer formell und sachlich. Deine Mitteilungen sind folgerichtig und logisch. Ich dagegen empfange keine Bilder, Worte oder Eindrücke ... gar nichts. Bedeutet das, dass Fay ein qualifizierter Kanal für deinen Geist ist?

Robert (mit Nachdruck): *Ich spreche NICHT durch einen Kanal! Ich rede direkt mit euch!*

Ellen: Hui! Ich nehme alles zurück. Aber ich höre deine Mitteilungen nicht. Warum nicht? Fehlt meinem Geist irgendetwas?

Robert: *Das hat gar nichts mit dir zu tun, Ellie. Es hat mit Fay zu tun. Es ist ein Geschenk, um ihr zu helfen, dem Prozess der Einstimmung zu vertrauen. Wir haben uns das für Fay einfallen lassen.*

Ellen: Wirklich? Warum?

Robert: *Sie erholt sich immer noch von ihrer streng christlichen Erziehung. Ich helfe ihr, sich mit deinem Prozess der Einstimmung wohlzufühlen.*

Ellen: Fay, verstehst du, was Robert gerade sagt?

Fay: Oh, auf jeden Fall, ja, ich weiß, worauf er hinaus will. Ellie, du glaubst, dass es etwas ganz Natürliches ist, den Geist zur Ruhe zu bringen und sich spirituellen Botschaften zu öffnen. Wenn du Melodien, Gedanken und Bilder empfängst, akzeptierst du sie als Form der Kommunikation. In meiner jahrelangen kirchlichen Erziehung wurde mir beigebracht, dass es eine Einladung an den Teufel ist, sich so zu öffnen.

Ellen: An den Teufel? Ich bin schockiert. Warum?

Fay: Meine Religion hat mich nachdrücklich gelehrt, dass echtes Beten keine Methode ist, um direkte Antworten zu erhalten. Vielmehr bedeutet Beten, Gott zu bitten, dir etwas zu geben, oder Gott anzuflehen, etwas zu tun. Ich wurde jahrelang ideologisch von der Kirche belehrt, dass Gott nur durch die Bibel spricht. Man sollte nur in der Bibel oder in Predigten in der Kirche nach Antworten suchen, Punkt.

Ellen: Was schadet es, nach himmlischer Führung zu suchen?

Fay: In dir selbst nach innerer Führung zu suchen, würde dich in spirituelle Schwierigkeiten bringen. In der Natur nach Führung suchen, würde heißen, sich absichtlich in noch größere Schwierigkeiten zu stürzen. Bäume und Tiere anzubeten, könnte dich mit einem Geist in Verbindung bringen, aber es wäre nicht der Geist Gottes. Es wäre ein falscher Gott, eine böse Macht. In dem Moment könnte es durchaus richtig erscheinen, aber es wird dich am Ende zu Fall bringen. Die Natur, weißt du, ist das Reich des Satans. Diese Vorstellungen sind mir jahrelang eingebläut worden. Von der Kanzel, der Sonntagsschule und Bibelgruppen wurde ich eindringlich ermahnt, mein Vertrauen auf Gott und auf Gottes Wort in der Bibel zu beschränken.

Ellen: Das erinnert mich irgendwie an einen Ausspruch von Lily Tomlin:

> *"Warum sagt man, wenn wir mit Gott sprechen,*
> *dass wir beten; aber wenn Gott zu uns spricht,*
> *erklärt man uns für schizophren?"*

Fay: Ja, genau das haben die Fundamentalisten mir eingebläut.

Ellen: Also, Robert, welche Strategie hast du angewandt?

Robert: *Wenn Fay sich auf mich, den Deva der Nacktschnecken, einstimmt, spreche ich in Worten zu Fay. Ich vermeide Bilder, um sie nicht zu ängstigen. Wenn ich so sorgfältig formuliere und mich so unbedrohlich anhöre wie euer wissenschaftlicher Freund Bob Jones, helfe ich ihr, diese Kommunikation mit dem Reich der Engel zu akzeptieren und darauf zu vertrauen.*

Fay und ich amüsieren uns. Ein devischer Scherz ist das also. Es gibt einen guten Grund, warum ich nie etwas von den devischen Worten der Nacktschnecken mitbekomme. Es ist alles gestellt, für Fay! Robert hört sich an wie unser gelehrter Freund, der uns ab und zu im Garten hilft. Robert (Bob) Jones ist pensionierter Wissenschaftler des *U.S. Fish and Wildlife Service* und berühmt für seine Otter- und Wasservogelstudien auf den Aleuten-Inseln.

Ellen: Ich staune immer noch über diese Glaubenslehre. Ist das wirklich das, was dein kirchlicher Hintergrund dir mitgegeben hat, Fay? Du hast mir zwar schon mal gesagt, du seist eine genesende Fundamentalistin, aber jetzt beginne ich erst, es zu verstehen.

Fay: Ja, so ist es. Und ja, wenn ich wiedergebe, was ich vom Deva der Nacktschnecken höre, dann fühle ich mich so, als würde ich am Tisch sitzen und mich mit Bob Jones unterhalten. Ich höre seinen präzisen, wissenschaftlich-objektiven Stil. Das ist sehr unbedrohlich. Deshalb danke, Deva Robert! Du hilfst mir, mich wiederherzustellen! Ach, übrigens, wie bist du denn eigentlich wirklich?

Robert (lächelnd und in lässigem Tonfall): *Oh, wahrscheinlich bin ich ein bisschen vergnügter als euer lieber menschlicher Freund.*

Nacktschnecken: Präventionstherapie mit Asche

Ich haste die Kellertreppe hinunter, als ich es sehe. Trotz der hektischen Erntezeit bemerke ich etwas im Kellerfenster. Irgendetwas arbeitet sich da elegant und würdevoll durch ein kleines Loch im Metallgitter – eine Nacktschnecke!

Wie hoch ist die Wahrscheinlichkeit, dass eine Nacktschnecke einen Weg wählt, auf dem ihr weiches Fleisch von einem rauen Metallgeflecht angekratzt wird, **und** auch noch das einzige zweieinhalb Zentimeter große Loch in sämtlichen Fenstergittern findet?

Ha! Die Wahrscheinlichkeit ist extrem gering, wird mir klar. Das müssen Robert und seine lustigen Späße sein, um meine Aufmerksamkeit zu erregen. Was für eine kreative Variation des "Auf-dem-Treppenabsatz"-Signals!

An diesem Abend stimmen Fay und ich uns für ein spirituelles Gespräch ein.

Ellen: Du hast geklingelt, Robert? Ich habe deine Botschaft erhalten! Du bringst mich zum Schmunzeln. Wie kann es sein, dass ich dich so liebe und mich deine schleimige Form trotzdem abstößt? Was gibt es denn?

Robert (eindringlich): *Kannst du mehr Asche besorgen?*

Ellen: Ja, vom Pfadfinder-Camp und von den Nachbarn. Warum denn?

Robert: *Die Asche wird fortgespült, wenn du den Garten bewässerst oder es regnet. Das wäscht die Aschebegrenzungen aus. Du wirst wesentlich mehr brauchen, um alle deine Grenzen rund um den Kompostbereich, die Gartenabschnitte und den Rückzugsort zu erneuern, besonders im langen Gras.*

Ellen: Ich werde mich noch heute daran machen, mehr Asche zu holen. Was kann ich sonst noch tun, um Schäden durch Nacktschnecken und ihre Vermehrung aufzuhalten?

Robert: *Bedecke die Grenzen immer wieder neu, wenn es geregnet hat oder du den Garten bewässert hast. Oder nimm Kieselgur statt Asche, aber auch die muss gelegentlich ersetzt werden. Oder noch besser: Mische Kieselgur mit Alaun (ein chemisches Salz).*

Denke daran, dass in der regnerischen Jahreszeit keine Barriere perfekt sein kann. Wenn das Material nass ist, können unsere Formen (Nacktschnecken) einfach darüberkriechen. Regen macht uns mobil.

Es hat jetzt ständig geregnet, und wir können uns nur schwer auf dieses Gespräch konzentrieren. Wir sind im Anmarsch auf neue Welten! Die Bedingungen sind einfach ideal. Los geht's!

Fay und Ellen: Okay, lieber Robert, und danke schön! Dann nichts wie los!

Rezept für Alaun und Kieselgur

Vermischen Sie vier Teile Kieselgur mit einem Teil Alaun (ein chemisches Salz). Verteilen Sie diese Mischung wie die Asche auf den Begrenzungen. Aber tragen Sie dabei auf jeden Fall eine Schutzbrille und Staubmaske, damit die Kieselgur nicht Ihre Augen oder Ihre Lunge schädigt. Genauere Erläuterungen über Kieselgur finden Sie in Anhang 1B.

Nacktschnecken: Bier und gründliche Inspektionen

Ellen: Robert, alle Experten sagen, man soll Bierfallen einsetzen. Meine Falle aus Sud fängt gar nichts. Wozu rätst du mir?

Robert: *Wenn du Joghurtbecher mit etwas Bier darin aufstellst, grabe die Fallen ein, so dass die Oberkante des Bechers mit dem Boden abschließt. Du könntest auch eine Reihe von Bechern eingraben, mit einem Brett, das locker über den Fallen liegt.*

Ellie, hast du vor, die Blätter und das geschnittene Gras vom September für deinen Kompost oder Mulch zu verwenden?

Ellen: Ja. Es würde mir schwerfallen, mir das ganze organische Material entgehen zu lassen.

Robert: *Tu es nicht. Ich kann dir nicht garantieren, dass das Material schneckenfrei sein wird. Lass den Grasschnitt dort zerfallen, wo er sollte – direkt auf dem Rasen.*

Wenn der Frühling beginnt, widerstehe der Versuchung, die Blätter rund um dein Haus aufzusammeln. Mach den Frühjahrsputz so, dass du alle Blätter zusammenharkst und verbrennst. Damit entfernst du die Eier und die überwinternden Nacktschnecken aus dieser feuchten Umgebung.

Ellen: Okay, Robert, du bist hier der Experte. Was sollte ich sonst noch beim Frühjahrsputz beachten?

Robert: *Lass es nicht beim Zusammenharken bewenden. Dreh alles um – Steine, Bretter, Blatthaufen, Folienmulch und anderes angehäuftes Material. Denn darunter wohnen wahrscheinlich unsere Nacktschnecken-Formen und ihre Eier. Verwende einen Unkrautverbrenner oder ein Spray zur Abtötung der Eier.*

Ellen: Welches Spray?

Robert: *Nimm entweder eine Bleich- oder Ammoniaklösung. Und Ellie, wenn du wirklich unbedingt Schnitt- und Brennholz von der öffentlichen Kippe holen musst, kläre das erst mit mir ab!*

Ellen: Und wie? Wonach soll ich fragen?

Robert: *Warte, bis du wirklich dort bist, vor einer Ladung Holz stehst und diese begutachtest. Frag mich, ob sich Nacktschnecken darin befinden. Du kannst sie nicht sehen, ich aber schon. Wenn nur eine Nacktschnecke oder ein einziges Ei im Holz ist, ist das schon zu viel. Sortier es aus, oder schrubbe es gründlich mit einer trockenen Bodenbürste mit harten Borsten ab. Scheuere besonders die Enden von Brettern gut ab. Sammle alles Abgescheuerte, und wirf es in einer fest verschlossenen Mülltüte auf die Kippe.*

Bring KEINE Setzlinge, Schnittgras, Feuerholz, Scheunenabfall, Blätter oder anderes organisches Material mit, ohne das erst mit mir zu besprechen. Nur eine eingeführte Nacktschnecke oder ein Ei kann schnell zu ganz vielen werden, die sich wiederum so weiter vermehren, dass du oder ich keine Kontrolle mehr darüber haben.

Fay und Ellen: Wow, danke für deinen ausführlichen Rat, Robert. Besonders deine Tipps, Eier zu vernichten und alles in einen Müllsack zu füllen und so weiter wissen wir zu schätzen. Wir sind dir wieder einmal dankbar, dass du unsere Abmachung einhältst, indem du von deiner devischen Bestimmung ein wenig abrückst und uns rätst, die Nacktschneckenpopulation einzudämmen.

Robert: *Aber bitte.*

Ich gebe zu, dass solche Reformen schwierig für knallharte Müllkippen-Plünderer wie mich sind! Aber angesichts der Hoffnung, so die Zahl der Nacktschnecken zu kontrollieren, übe ich mich darin, immer an diese Routine zu denken. Wenn ich verführerisches Holz auf der Kippe finde, widerstehe ich der Versuchung, es mitzunehmen. Ich warte, suche Fay und nehme sie mit zurück. Wir stimmen uns auf Robert ein und fragen ihn, ob er irgendwelche anwesenden Nacktschnecken sehen kann. Robert antwortet mit Witzeleien wie *"nacktschneckenfrei"* zu der Melodie von *"Born Free"*. Oder er sagt: *"Oh nein! Nicht mitnehmen."* Einmal fragen wir Robert, ob vielleicht auch Riesenameisen anwesend sind, da wir auch sie nicht bei uns einführen wollen. Robert antwortet: *"Mein Job sind Nacktschnecken."* Wir müssen kichern.

Die Leute schenken mir großzügig ganze Ladungen Dung und Streuabfall, Gartenabfälle und so weiter. Ich wage es nie, ja oder nein dazu zu sagen, bis ich Robert nicht alles habe inspizieren lassen.

Über große Entfernungen liegen die Dinge jedoch ganz anders, wie wir lernen müssen. Einmal springt mir eine Anzeige ins Auge, in der die *Totem Egg Farm* in der Nähe von Wasilla tonnenweise kostenlosen Hühnermist anbietet. Ich kenne den Ort nicht. Ich bitte Robert, den Nacktschneckenstatus für mich festzustellen, bevor ich hinfahre. Ich bin überrascht – Robert weiß es nicht.

Er erklärt: *Wir Devas sind nicht unbedingt allwissend. Unser Wissen hat seine Grenzen. Wenn du noch nie da gewesen bist, kann ich nicht durch deine Augen blicken und nach Nacktschnecken suchen.*

Wenn hingegen Janice Schofield in Palmer zu Besuch ist, bittet sie Robert bezüglich der Nacktschnecken bei sich zu Hause in Homer um Rat. Homer ist sechs Stunden Autofahrt entfernt. Obwohl Jans Nacktschnecken einer geringfügig unterschiedlichen Art und damit einem geringfügig unterschiedlichen Deva angehören, kann Robert diesmal eine Inspektion auf große Entfernung vornehmen. Er kann Jans Land durch sie sehen, während sie in Palmer steht. Konkret rät er ihr, das gesamte heruntergeholte Holz auf dem Grundstück zu zerkleinern, um mögliche Lebensräume der Nacktschnecken zu zerstören. Er empfiehlt ihr, weiterhin eine respektvolle Einstellung zu wahren und immer bereit zu sein, sich geistig einzustimmen.

Robert informiert Jan, dass die Nacktschnecken bei ihr nicht so großen Schaden anrichten wir bei ihrem Nachbarn, weil sie sie nicht mit Toilettenreiniger abschlachtet.

> **Rezept für ein Spray gegen Nacktschneckeneier**
>
> Vermengen Sie eine Tasse Bleiche mit vier Tassen Wasser oder eine Tasse Ammoniak mit vier Tassen Wasser. Kombinieren Sie niemals Bleiche mit Ammoniak! Die daraus entstehenden Dämpfe sind tödlich! Entscheiden Sie sich für eines von beiden. Ammoniak dient im Boden als Stickstoffdünger, Chlorbleiche dagegen tötet Mikroben im Nahrungsnetz des Bodens ab. Tragen Sie eine Staubmaske und eine Schutzbrille. Das Spray tötet Eier ab. Die Wirkung reicht aus, um auch geschlüpfte Nacktschnecken-Babys abzutöten.

Nacktschnecken:
Sex und andere Spielereien

Erinnern Sie sich noch an Roberts einzigartiges Mitteilungssystem? Er hatte mir gesagt, ich solle mir regelmäßig die Vordertreppe ansehen, wenn ich vom Haus in den Garten gehe und umgekehrt. Wenn ich auf der Treppe eine Nacktschnecke entdecke, dann bedeutet das: "Melde dich bei mir!"

Eines Morgens trete ich nach draußen, blicke auf den Boden und entdecke nicht eine, sondern gleich zwei Nacktschnecken auf der niedrigsten Stufe. Robert muss **wirklich** wollen, dass ich mich auf ihn einstimme. Ich sehe genauer hin. Die beiden kleben fest aneinander. Ich bin Zeugin einer genüsslichen, wolllüstigen Paarung. Und sie scheinen es nicht gerade eilig zu haben.

Wow, was für ein Privileg, das zu sehen! Ich frage mich, wie viele andere Menschen das schon einmal beobachtet haben. Für die Biologin in mir ist das ein ganz entzückendes Geschenk. Ein ganz und gar faszinierender Vorgang! Eine Nacktschnecke streckt ein zapfenartiges Gebilde von sich. Dieser Zapfen passt in eine winzige, runde Öffnung am Körper der Partnerschnecke. Bedeutet das, dass es männliche und weibliche Nacktschnecken gibt? Wie unterscheidet sich ihr Reproduktionssystem von dem der Regenwürmer? Wo entstehen die Eier, und wie werden sie abgelegt? Als ich mich auf Robert einstimme, um ihm für diese ehrenamtliche Vorstellung zu danken, lächelt er und bemerkt: "Ich hatte mir schon gedacht, dass dir das gefallen würde."

An einem anderen Tag sehe ich eine Nacktschnecke auf dem Gehweg, aber nicht allein. Sie ist von stecknadelkopfgroßen Springschwänzen (*Collembola ssp.*) umgeben, die um sie herumhüpfen. Einige Springschwänze landen auf dem Körper der Nacktschnecke. Wir fragen Robert, wie sich das für die Schnecke anfühlt. Robert beschreibt die Erfahrung durch Fays Körper. "Ooh!", kichert sie. "Es ist ein spielerisches, vergnügtes, ekstatisches Gefühl! Beide Tierarten haben großen Spaß an der Sache!"

Meine Güte, Robert, ich hatte ja keine Ahnung, dass überall, wohin ich meinen Fuß setze, gewaltige Freudenausbrüche stattfinden!

Nacktschnecken: Gespräche auf Falkisch

Der Falke stürzt sich direkt auf mich herab! Wo kommt der denn jetzt her!? Und wieder! Direkt über meinem Kopf! Was zum Teufel geht hier vor sich?

Ich bin immer noch neugierig, als ich nach meiner heutigen Wanderung am *Old Baldy Mountain* mein Marschgepäck ablege. Dieser Falke ist bis auf drei Meter Höhe im Sturzflug auf mich herabgeschossen. Noch dreimal ist er am Himmel gekreist, hat sich auf mich herabgestürzt und schwebte dann jedes Mal leicht über mir in der Luft. Der Falke hat mich nicht angegriffen und auch nicht geschrien, aber er ist absichtlich ganz nah an mich herangeflogen. Irgendwie erschreckend ... und merkwürdig! Das hier ist eine subalpine Gegend. Meiner Meinung nach kein Ort, wo ein Falke nisten würde, außerdem ist die Nistzeit schon vorbei. Dieser Greifvogel hat keinen beschützerischen Eindruck gemacht – ich habe das Gefühl gehabt, dass er mich inspizierte. Ich habe versucht, mich auf den Falken einzustimmen, aber keine Botschaft vernommen.

"Fay", sinniere ich, als ich meine Wanderschuhe aufschnüre, "meinst du, Robert kann uns sagen, was da los war? Komm, lass uns eine Dreierkonferenzschaltung machen und schauen, ob es funktioniert!"

"Du meinst, du willst das Bewusstsein der Nacktschnecken bitten, sich deine Geschichte anzuhören und dir zu sagen, ob der Falke eine Botschaft gesendet hat? Das könnte interessant werden", überlegt Fay fasziniert.

"Genau." Wir klinken uns ein.

"Robert, dürfen wir in Kontakt mit dir treten? Könntest du vielleicht versuchen, zwischen den Arten für uns zu dolmetschen?"

Robert meldet sich enthusiastisch zu Wort: *Das würde mir sicher Spaß machen!*

Fay und ich visualisieren eine Dreierkonferenz, und ich konzentriere mich auf mein Falkendrama. Wie in einem Hollywoodfilm beginnt eine Bild- und Tonvorführung in unseren Köpfen. Ich sehe ein wirbelndes Blau und dann das Gesicht einer Eule.

Robert versteht und geht näher darauf ein. *Ellie, deine Aura und die Aura des Falken vermischen sich und vergrößern sich gegenseitig ganz gewaltig.*

Ich denke über das flüchtige Bild der Eule nach – ist das ein Hinweis darauf, dass der Vogel, der sich mir gezeigt hat, der Art der Sperbereulen (*Surnia ulula*) angehört?

Fay hört den Falken sagen: *Ich bin das Auge des Berges. Ich verfolge alles, was hier geschieht, und lasse es die anderen wissen.*

Als Nächstes fühle/sehe ich den Falken am Himmel tanzen. Ich höre eine Reihe von Melodien in meinem Kopf, angefangen mit "We know we belong to the land, and the land we belong to is grand!" ["Wir wissen, dass wir dem Land angehören, und das Land, dem wir angehören, ist groß!"] Ha! Es ist die Musical-Melodie aus *Oklahoma!*

In meinem Kopf werden weitere Tonmitteilungen abgespielt. Ich muss lächeln, als ich die mitreißende, feierliche Walzermelodie des Musicals *Carousel* vernehme. Als sie verklingt, ertönen siegreiche Klänge aus Händels *Messiah*. "Segen und Ehre, Ruhm und Stärke gebührt ihm ..."

Jetzt sehe ich ein Baby, das seine ersten Schritte unternimmt. "Ich bin perplex, Robert! Was hat das zu bedeuten?" Robert erklärt: *Es symbolisiert deine ersten Versuche, mit den Devas und Naturgeistern zusammenzuarbeiten.*

Die Szenen meiner inneren Fotostrecke wechseln erneut. Ich bekomme *Good Earth Gardens* aus der Vogelperspektive zu sehen. Ich sehe, wie ein Pfad aufgeräumt wird ... dann wird die Aura des Grundstücks gereinigt. Das Land beginnt, weißes Licht auszustrahlen, während wir spirituelle Hilfe erbitten, alle Lebensformen willkommen heißen und Negativität loslassen. Das Land erstrahlt im Glanz Gottes. Als Fay das schildert, erscheint ein neues Bild vor meinem geistigen Auge. Es ist ein fröhliches Baby in einem Schaumbad, dem die Haare gewaschen werden. "Was ist das, Robert?" *Es symbolisiert die Sorgfalt und Reinlichkeit, mit der ihr euren Garten pflegt, Ellie und Fay.*

Meine Augen werden feucht. Ich bin begeistert. Das ist die Perspektive von der Energieebene aus? In dieser Weise beeinflusst unser Handeln das Land? Hier in *Good Earth Gardens*? Das nenne ich mal eine durchschlagende Wirkung auf die Umwelt! Ich hatte ja keine Ahnung.

Schließlich sammeln wir uns wieder und beenden das Gespräch. "Herzlichen Dank, Robert, dass du Dolmetscher für uns gespielt und dich noch beliebter bei uns gemacht hast."

Monate später erinnere ich mich an Roberts großartige Hilfsleistung. Ich bitte Fay, mir zu helfen, noch einmal eine Verbindung aufzubauen. Wir stimmen uns ein und fragen: "Könntest du wieder einmal für uns dolmetschen, Robert? Ich würde mich sehr über deine Hilfe freuen. Es geht um eine unklare Botschaft eines anderen Devas, irgendwie gibt sie mir Rätsel auf. Könntest du sie für mich genauer ausformulieren?"

Robert: *Ich schaue mir das gerade an, und ich muss ablehnen. Ich will gerne helfen. Ich bin gerne behilflich. Aber in dieser Situation ist es für dich am besten, es weiter direkt zu versuchen.*

Es wird besser für dich sein zu sehen, was du selbst herausfinden kannst.

Ellen: Oh, Scheibenkleister. Ich bin noch nicht besonders weit gekommen. Ich bin mir nicht so sicher, ob ich das kann.

Ich versuche, wie ein Detektiv Hinweise zu einem Puzzle zusammenzufügen. Nichts. Schließlich verlege ich mich darauf, ein paar Tage lang einfach all die unsinnigen Bilder durch meinen Kopf treiben zu lassen. Ich gelobe, offen und ehrlich zu bleiben. Langsam ergibt die traumartige Kollage dann einen Sinn. Sie ist symbolisch und zeigt mir eine Parallele, ein Muster in meinem Verhalten. Aha!

Robert hatte wieder einmal recht! Beharrlichkeit zahlt sich aus!

Nacktschnecken: Was soll ich verraten, Robert?

Robert hat absolut recht. Sobald Menschen Nacktschnecken in ein Gebiet bringen, verbreiten sie sich mit der Geschwindigkeit eines Waldbrands.

Auf der gesamten *Kenai Peninsula* und im *Matanuska-Susitna Valley* berichten Gärtner von einer Masseninvasion der Nacktschnecken. An einem regnerischen Nachmittag in Homer kann ich kaum auf dem Bürgersteig gehen, ohne auf eine Nacktschnecke zu treten, und ich fange an, sie zu zählen. Ich komme auf durchschnittlich neun bis 13 Nacktschnecken pro Quadratmeter Beton. Ganz schön schnell, diese Fortpflanzung und Völkerwanderung. Kate Nilssons Bericht über die Nacktschnecken-Kolonisierung von *Anchorage* ist erst drei bis fünf Jahre her.

Ständig klingelt mein Telefon, immer mehr "grüne Daumen" aus allen möglichen Regionen stellen mir dieselbe Frage: "Was kann man bloß gegen diese verflixten Nacktschnecken tun?"

Ich schlage meinen besten wissenschaftlichen Tonfall an und zähle dieselben Methoden auf, die auch die Experten vom *Cooperative Extension Service* empfehlen. Aber inzwischen spüre ich einen inneren Konflikt, weil ich absichtlich Teile des Puzzles ausblende. Soll ich erwähnen, dass bestimmte innere Einstellungen die Probleme verschlimmern können? Soll ich irgendetwas davon erzählen, wie man kooperative Abmachungen mit dem kollektiven Bewusstsein der Nacktschnecken trifft? Werde ich die Anrufer abschrecken, weil ich mich seltsam oder heidnisch anhöre?

Ich überlege, bis ich meines geistigen Volleyballspiels müde werde. Ich nehme mir die Zeit, Robert um Rat zu fragen.

Ellen: Robert, Deva der Nacktschnecken, könntest du mir helfen, mir über etwas klar zu werden?

Robert: *Ja. Es würde mich freuen, mit dir gemeinsam nachzudenken.*

Ellen: Ah, wie schön. Ich bin bereit für deine neue Sichtweise. Robert, mich fragen Gärtner, was sie gegen die Nacktschnecken unternehmen sollen. Was soll ich ihnen sagen? Bisher habe ich die konventionellen Tipps empfohlen.

Gleichzeitig ist da natürlich das Wissen, dass Nacktschnecken oder auch andere Organismen, wenn sie einen kriegerischen Feldzug gegen sich feststellen, um ihr Überleben kämpfen. Du und die anderen Devas haben mir etwas über die innere Einstellung und über Verhandlungen beigebracht. Aber die meisten Leute kennen sich mit den Finhorn-Prinzipien der Kooperation nicht aus. Wie viel soll ich ihnen darüber sagen? Soll ich mich aus meinem kosmischen Versteck wagen, Robert?

Robert: *Ja, auf Nacktschnecken zu treten, verhindert in der Tat chemische Kriegsführung. Aber es ist abrupt. Es wäre besser für die Menschen, den Nacktschnecken ein Friedensangebot zu machen. Damit meine ich, dass die Menschen besser daran täten, die Nacktschnecke als von Gott erschaffenen Bestandteil der Erde zu akzeptieren und zu lieben, nicht als böswilligen Feind.*

Wenn einige Leute empfänglich für ein größeres Bewusstsein sind, könnten sie die Nacktschnecken bitten, mit ihnen zu kooperieren und sich aus dem Garten und dem Kompost fernzuhalten. Wir haben einen phänomenalen Geruchssinn, weißt du. Der Wohlgeruch eines Gartens und Komposts ist für uns wie der Duft von frisch gebackenem Brot für euch. So unwiderstehlich.

Aber wir sind bereit zu kooperieren, und als zweite Wahl können wir auch im Gras und an den Rändern des Gartens leben.

Bietet den Nacktschnecken auf jeden Fall einen Rückzugsort an. Designiert einen bestimmten Bereich dafür und versprecht, dass dies ein sicherer Hafen für uns ist. Er sollte Attraktionen wie Feuchtigkeit, Schutz und/oder Nahrung bieten. Gebt uns etwas von euren Essensabfällen plus ein bisschen Urin, dessen Geruch uns anlockt.

Ellen: Okay, das hilft mir. Ich muss nur dann über spirituelles Gärtnern und devisches Bewusstsein sprechen, wenn eine Person sich so anhört, als wäre sie dafür empfänglich. Dann kann ich vorsichtig Themen wie die innere Einstellung anschneiden oder einen Rückzugsort vorschlagen. Ich muss nicht unsere ganze Geschichte erzählen. Vielen Dank, Robert.

Jetzt noch eine letzte Frage, Robert. Sagen wir, einige Leute sind bereit, alle deine Empfehlungen zu befolgen. Wenn sie in *Anchorage* leben, können sie dann überhaupt mit einer vernünftigen Ernte rechnen, besonders bei Gemüse wie Salat?

Robert (in traurigem Tonfall): *Nein, nicht, wenn sie es ernst mit dem Gartenbau meinen.*

Ellen: Das ist aber traurig. Hm. Also dann, vielen Dank für deine Ratschläge, lieber Robert.

Konventionelle Bio-Tipps zur Prävention und zum Umgang mit Nacktschnecken

- Vermeiden Sie es, Gift einzusetzen, das schädlich für Katzen, Hunde, Vögel und Mikroben in der Erde sein kann.
- Zerstören Sie mögliche Lebensräume und überwinternde Eier.
- Erneuern Sie immer wieder Begrenzungen aus Asche, Kieselgur oder Kupferband um den Garten und den Kompost.
- Graben Sie Bierfallen in die Erde.
- Besprühen Sie die betroffenen Pflanzen mit Kaffee.
- Entfernen Sie Mulch.
- Legen Sie Bretter aus, drehen Sie sie täglich um und treten Sie auf die Nacktschnecken.
- Sammeln Sie die Nacktschnecken von Hand ein, und vernichten Sie sie jeden Tag.

Nacktschnecken: Funktioniert die Geburtenkontrolle?

Mein Pakt mit Robert bedeutet viele zusätzliche Stunden mühsamer Arbeit. Nacktschnecken-Patrouillen gehören nicht gerade zu meinen Lieblingsaktivitäten.

Aber ich kenne keinen anderen Plan, um die Zahl der Nacktschnecken unten zu halten. Salat und Kohl verkaufen sich nicht, wenn sie voller Schnecken, Schneckenlöcher und Schneckenhinterlassenschaften sind. Ich bin deshalb hochmotiviert, unsere Geburtenkontrolle in dieser Weise fortzuführen.

Um meinen Teil der Abmachung einzuhalten, halte ich regelmäßig mit Robert Rücksprache. Robert coacht mich. Ich weiß, dass Robert seinen Teil immer erfüllt. Das spornt mich an, meinen ebenfalls penibel umzusetzen.

Schritt eins ist der Nacktschnecken-Frühjahrsputz. Der echte Robert (Bob Jones), der mir alters- und wissensmäßig drei Jahrzehnte voraus ist, kommt herüber, um mir zu helfen, und pflanzt schließlich auch etwas Gemüse für sich selbst an. Wie ich seine Hilfe willkommen heiße! Wir harken. Wir räumen auf. Wir stapeln und verbrennen Strünke und Blätter. Wir sprühen Ammoniaklösung um die äußeren Grenzen von Haus und Garten. In der Hektik des Frühlings verbringen wir wertvolle Zeit damit, dann endlich können wir den Kompost und den Biodünger verteilen und den

Boden fräsen. Ist die Zeit jetzt reif, um zu säen und Setzlinge einzupflanzen? Nein, zuerst müssen wir alle Beete in jedem Abschnitt mit Asche bestäuben. Erst **dann** können wir pflanzen!

Im Laufe des Sommers streue ich weiterhin jede Woche Asche rund um die Komposthaufen und den Garten. Ich stelle Fallen für bierverliebte brütende Nacktschnecken auf. Um auch die Antialkoholiker unter den Nacktschnecken anzulocken, lege ich lange Bretter zwischen Beete mit schnell wachsenden Grünpflanzen. Das Holz bietet den Nacktschnecken ein Dach über dem Kopf und ein feuchtes Versteck vor dem Sonnenlicht. Alle paar Tage gehe ich die Pfade ab und drehe die Bretter um. Ich jage, zertrample, sammle oder besprühe meine angelockte Beute.

Hat es funktioniert? An einem Augusttag in meinem elften Jahr muss ich mit ansehen, wie das ganze Aktionsprogramm plötzlich einfach verpufft. Verflixt! Rückblickend hatte sich die ganze Mühe immer gelohnt. In den ersten Saisons bekam ich nur selten eine Nacktschnecke zu Gesicht. Einige Jahre später fand ich gelegentlich mal ein paar Nacktschnecken im Salat oder in den Kohlblättern. Und ja, einige schleimige Vertreter entgingen auch meiner Inspektion und zeigten sich dann in der Küche eines Kunden!

Jetzt sehe ich fassungslos, dass *Good Earth Gardens* von einer explosionsartigen Vermehrung schleimiger Nacktschnecken heimgesucht wird. Im gesamten *Matanuska-Susitna Valley* werden die Klagen der Gärtner über die Nacktschneckeninvasion in dieser Saison immer lauter. Als ich die Herbstkartoffeln ausgrabe, erblicke ich am Ansatz **jeder** Pflanze Nacktschnecken und Eiablagen, die aussehen, als hätte hier jemand einen Sack Murmeln verstreut. Als ich einen 15 Meter langen Tröpfelschlauch anhebe, rupfe ich 125 ausgewachsene Nacktschnecken von der Unterseite der dünnen, feuchten Leitung ab. Und das ist nur die Ausbeute eines einzigen Nachmittags.

Ich brülle Parolen wie: "Diese Nacktschnecken haben immer noch mehr Zeit, noch **mehr** Eier zu legen, bevor es friert! Bei diesem explosiven Vermehrungspotenzial wird hier nächstes Jahr alles komplett kahlgefressen sein. Muss ich den Gartenbau an den Nagel hängen? Muss ich das Gärtnern für immer aufgeben? Warum soll ich mir überhaupt noch Gedanken über Neupflanzungen im Frühjahr machen?"

Ein neuer Frühling kommt, und ich mache mir immer noch Gedanken. Aber da kommt Bob die Einfahrt hoch, der wie stets großzügig Zeit für mich eingeplant hat. Mit vereinten Kräften begeben wir uns ein weiteres Mal an unsere Säuberungsmaßnahmen. Wir pflanzen voller Hoffnung. Den ganzen Juni, Juli und August hindurch blicke ich nervös um mich. Wie durch ein Wunder erspähe ich fast keine Nacktschnecken! Der raue Wind im letzten schneearmen Winter hat anscheinend die meisten Nacktschnecken mitsamt ihren Eiern gefriergetrocknet.

Ich finde meine Begeisterung fürs Gärtnern wieder und stürze ich mich in mein zwölftes und letztes Jahr an diesem geliebten Ort am *Bodenburg Butte*. Wunderbar! Zufrieden beende ich den Sommer mit einer reichen, makellosen Markternte.

Das unbarmherzige Wetter Alaskas kann manchmal sogar ein Vorteil beim Feilschen mit den Nacktschnecken sein!

Vogelmiere

Vogelmieren-Invasion! Vogelmieren-Invasion! Die Vogelmiere läuft Amok, sät sich selbst aus und schlägt ungebeten Wurzeln. Die Vogelmiere rückt vor, und es sieht aus wie überbordende grüne Teppiche. Die Teppiche bedecken die Beete in immer größeren, immer dickeren Kreisen. Die Vogelmiere überwältigt den ganzen Garten ... und mich.

Jede Woche ziehe ich in den Kampf und versuche, die Vogemiere mit Hacke und Bodenfräse in die Knie zu zwingen. Aber trotz meiner größten Anstrengungen breitet sie sich überall aus, in jedem Beet.

Als Brokkoli, Möhren und Kohl zu Jungpflanzen herangewachsen sind, stelle ich fest, dass die Vogelmiere ein bisschen zu sehr auf enge Freundschaft mit dem jungen Gemüse macht, sie wächst direkt neben den Strünken. Ich muss mich hinknien, sie akribisch mit den Fingerspitzen auszupfen und versuchen, das zarte Gemüse dabei nicht gleich mit herauszuziehen. Mir wäre es wesentlich lieber, aufrecht gehend mit einer langen Hacke zu patrouillieren, aber dann würde ich diese Genossen nicht erwischen. Die Spitzen der Vogelmiere lassen sich leicht abziehen – zu leicht, denn sie brechen ab und lassen die Wurzeln emsig ein neues System aus Stängeln und Blattwerk austreiben.

In kürzester Zeit ist die Vogelmiere so hoch wie das Gemüse oder überragt es sogar. Mühsam teile ich das Vogelmiere-Meer, um nach jungem Gemüse- und Kräutergewächs Ausschau zu halten. Als die Vogelmiere älter wird, verflicht jede Pflanze ihre saftigen dünnen Stängel mit denen ihrer Nachbarn. Die Folge ist ein komplett verheddertes Netz. Wo unter dem Vogelmiere-Teppich soll ich die Hacke ansetzen, um an die Wurzeln zu kommen? Wenn ich nur die Hände zu Hilfe nehme und sie massenweise ausreiße, bricht die Vogelmiere wieder nur am Boden ab, bereit, sich im Eiltempo zu erneuern ... und das wahrscheinlich mit teuflischer Schadenfreude.

Mit einem Mal ist es der 24. September. Mit jedem Klumpen Vogelmiere, den ich herausziehe, höre ich winzige Samen hinabregnen. Ich säe gerade unabsichtlich die nächste Generation Vogelmiere für nächstes Jahr aus, hundertfach verstärkt. Jedes Jahr wird es schlimmer. Die Vogelmiere-Population wächst exponentiell an, und ich komme mit dem Jäten nicht mehr hinterher.

Langsam ärgere ich mich so richtig über diese Pflanze. Ich bin nicht gerade erpicht darauf, mit dem Deva der Vogelmiere zu sprechen. Aber ich will einfach herausfinden, wie ich in der nächsten Saison mit dieser galoppierenden Invasion Schritt halten kann. Klar, ein bisschen Vogelmiere macht sich gut im Salat, sie schmeckt ganz ähnlich wie Mais. Aber ich brauche nun mal keine 1.000 Quadratmeter davon! Mir schwirren rebellische Träume über Unkrautbekämpfungsmittel im Kopf herum.

Ich frage mich, ob ich dieses Unkraut bitten kann, mir zu sagen, wie ich es eindämmen kann. Andererseits wäre das ja gegen seine Natur. Ich verzweifle. Dann beschließe ich, den Kontakt herzustellen und den Deva der Vogelmiere demütig um Maßnahmen gegen sich selbst zu bitten. Wird der Deva mich einfach auslachen? Die Vogelmiere tut schließlich nur das, was sie nun mal zum Überleben tun muss - produktiv sein! Auf die Entschuldigung und die Lektion, die nun folgen, bin ich nicht vorbereitet.

Ellen: Deva der Vogelmiere, darf ich in eine bewusste Verbindung mit dir treten? Ich mag deinen leckeren Geschmack und dass du ein Teil des Ökosystems bist. Aber als Gärtnerin bin ich von eurer Zahl einfach wie erschlagen. Wahrscheinlich muss ich mir im kommenden Sommer Hilfe holen, um der Vogelmiere Einhalt zu gebieten. Hast du vielleicht weitere Vorschläge zur Bevölkerungskontrolle?

Deva der Vogelmiere: *Wir sind sehr gut darin, die Feuchtigkeit des Bodens zu erhalten. Wie du weißt, trocknet dein Boden sehr schnell aus.*

Zu Beginn der Saison müssen wir <u>wirklich</u> kontrolliert werden. (Er übermittelt ein Bild, wie sie beschämt die Köpfe hängen lassen.) *Wir sind einfach eine zu große Konkurrenz für junge Gemüsepflanzen, wenn die Vegetationsperiode gerade begonnen hat.*

Ellen: Ihr bedauert es tatsächlich, mich zu frustrieren? Das ist sehr mitfühlend von euch, wo ihr doch einfach nur eurer biologischen Bestimmung folgt. Aber erzähl mir mehr von euch.

Deva der Vogelmiere: *Im Spätsommer nützen wir dir in vielerlei Hinsicht. Wenn wir neben Pflanzen wachsen, die 15 bis 20 Zentimeter Höhe erreicht haben, bringen wir ihnen nur Vorteile.*

Ellen: Wie das?

Deva der Vogelmiere: *Feuchtigkeit, Feuchtigkeit, Feuchtigkeit!* (Der Deva ist sehr begeistert von seiner guten Arbeit.) *Wir sind ganz hervorragend darin, dem Boden zu helfen, feucht zu bleiben. Ohne uns müsstest du ihn öfter bewässern.*

Du kennst ja toten Mulch und lebendigen Mulch. Als Vogelmiere sind wir ein besserer lebendiger Mulch als totes Material. Geschnittenes Gras kann wie ein Strohdach sein, das verhindert, dass Regen in den Wurzelbereich vordringt. Die Vogelmiere bewahrt als lebendiges Netz die Feuchtigkeit im Boden und lässt Regen einsickern. Sobald du die Vogelmiere entfernst, trocknet der Boden aus.

Als Vogelmiere schützen wir außerdem den Boden.
Ellen: Tatsächlich? Ist das denn wünschenswert?
Deva der Vogelmiere: *Jetzt, wo das Thermometer jeden Tag stark steigt und fällt, dämpfen wir die Auswirkungen. Denke an den Unterschied zwischen einem sonnigen Nachmittag und fast frostigen Temperaturen in der Nacht. Du machst dir Sorgen, weil ein Netz aus Vogelmiere den Boden bedeckt. Du fragst dich, ob wir so viel Schatten machen, dass der Boden tagsüber nicht genügend Wärme bekommt.*

Aber die niedrige Septembersonne spendet gar nicht besonders viel Wärme. Und die reifen Pflanzen brauchen auch gar nicht so viel Bodenwärme. Es ist wichtiger, einen Schutz vor der durchdringenden Kälte und dem Frost in der Nacht zu haben.

In den Möhren- und Rote-Bete-Beeten zum Beispiel bekommen die grünen Spitzen immer noch so viel Sonne, wie sie brauchen, um ihr Wachstum zu vollenden. Sie brauchen keinen sehr warmen Boden. Aber wenn der Boden gefriert, bekommst du Schäden an den Pflanzen, und die Ernte wird problematischer. Als Vogelmiere sind wir wie eine Dämmschicht für dich. Es ist viel nützlicher, uns rund um deine Pflanzen zu haben als nackte Erde, die der Kälte schutzlos ausgeliefert ist.

Kurz gesagt sind wir lebendiger Mulch. Wir nähren deinen Boden! Wir schützen deinen Boden vor dem Austrocknen. Wir schützen die so wichtigen Wurzelbereiche deines Gemüses vor dem Herbstfrost und dem Zufrieren.

Ellen: Nun, vielen Dank, Deva der Vogelmiere! Das hilft mir, euch mehr wertzuschätzen und weniger zu verfluchen, wenn ich mit der Hacke zugange bin! Ich kann ja versuchen, euch in einigen Beeten als lebendigen Mulch arbeiten zu lassen, indem ich euch als Gründünger unterpflüge, bevor ihr in Samen schießt. Der Trick ist wohl, genau hinzusehen und euch rechtzeitig zu erwischen!

Quecken:
Ehrliche Geständnisse

Seit meiner Vertiefung in das Thema Devas und Naturgeister höre ich mich wahrscheinlich so an, als würde ich nie mit der Natur kämpfen. Ich muss da etwas gestehen. So geläutert ich auch sein mag, ich befinde mich im intensiven Kampf mit der Gemeinen Quecke. Es ist ein Unkraut! Es ist ein Gras! Es ist Spider Man!

Was sind Quecken? Einige nennen sie *Agropyron repens*. Andere nennen sie Baier. Manche geben ihr Namen, die ich hier nicht wiederholen möchte. Die Quecke erneuert ihre Wurzeln und Triebe schneller, als einer Hydra neue Arme wachsen. Hacken Sie eine Wurzel ab, und es wachsen zwei nach. Schneiden Sie einen grünen Halm ab, und es schießen drei neue an seiner Stelle empor. Bearbeiten Sie eine Stelle voller Quecken mit der Bodenfräse, und sie kommen in vierfacher Ausfertigung nach.

Versuchen Sie einmal, Quecken mit Mulch zu ersticken – Sie fordern Sie lediglich dazu heraus, noch schneller zu wachsen. Entziehen Sie ihnen Licht, indem Sie sie mit schwarzer Plastikfolie bedecken? Ha! Die Wurzeln gedeihen ganz wunderbar unter Ihrer Abdeckung. Still und heimlich vermehren sie sich und weben dank Ihrer schützenden Oase ein dichtes Netz. Aus diesem Bunker treten Queckenhalme hervor, die ihre eifrigen grünen Triebe an der schwarzen Folie vorbei strecken. Einige unerschrockene grüne Speere bohren sich sogar durch das Plastik selbst hindurch ins Sonnenlicht.

Graben Sie mit einem Spaten die Erde auf und entfernen Sie das Gewirr aus Wurzeln, dann: Überraschung! Aus den zentimetergroßen Stellen, die Sie nicht erwischt haben, sprießen neue Quecken. Entziehen Sie ihnen Wasser, gedeihen die Quecken in Trockenzeiten besser als jede andere benachbarte Pflanze.

Quecken haben ungefähr genauso viel Respekt vor Grenzen wie Schulhofschläger. Quecken-Gangs rotten ihre Basis auf Grünflächen und an den Gartenrändern zusammen. Von diesen Stützpunkten aus dringen sie dann kriechend vor und marschieren still und leise über ehemals säuberlich abgesteckte Grenzen in die Gärten hinein. Die Eindringlinge winden ihre Wurzeln geschwind zwischen die Wurzeln meiner Pflanzen und wieder hinaus. Jetzt das Quecken-Gewirr bloß nicht herausziehen – sonst kommen die Erdbeeren, Tomaten und Kräuter gleich mit nach oben. Und Quecken lassen es nicht etwa bei Machtspielchen und Gebietsübernahmen bewenden. Ihre Truppen setzen sogar chemische Waffen ein!

Das Unkraut sondert eine Substanz ab, die das Wachstum der übrigen Vegetation unterdrückt. Gibt es bei einer Quecken-Invasion überhaupt noch eine Chance, wenn Aushungern, Abdecken, Zerhacken und Ausdörren ihr Vordringen nicht stoppen konnten?

Heute bin ich kurz davor, zwei Gartenabschnitte komplett an die Quecken-Angreifer abzutreten. Es ist wieder eines dieser Jahre, in denen die Quecken den Sieg über meine Unkrautpatrouillen errungen haben. Ich kann mein Gemüse und meine Kräuter erst pflanzen, wenn ich diese Bereiche komplett gesäubert habe – und der Frühling geht schnell vorüber.

Ich habe keine Guerilla-Strategie. Alles, was ich tun kann, ist, langsam auf Händen und Knien herumzukriechen, die Queckensoden mit einer Kartoffelgabel aufzulockern und dann jeden Quadratzentimeter Erde durchzusieben. Ich muss jede einzelne cremefarbene Wurzel ausreißen. Ich bringe keine Gefangenen auf den Kompost. Würde ich das tun, dann würde jedes kleinste Fitzelchen wiederauferstehen und sich fröhlich in jeden Teil des Komposthaufens schlängeln. Meine gesamte Ausbeute geht in versiegelten Müllbeuteln auf die Kippe. Ich habe jetzt mehrere Mülltüten voll. Ich sehe mir meine Fortschritte an. In einem 1 x 12 Meter großen Beet habe ich ein paar Quadratzentimeter schon hinter mir.

Als ich mich dem Bioanbau verschrieben habe, habe ich unwissentlich mein Leben der Quecken-Handlese verschrieben. Manchmal stelle ich Kinder in Scharen ein, um sie auszubuddeln. Die Quecken haben sich endlos ausgebreitet. Sie sind Parasiten, sie saugen meinem kleinen Gewinn, den mir der Garten einbringt, das Lebensblut aus den Adern. Ich muss auch noch etwas anderes gestehen. Ich erwische mich dabei, wie ich ernsthaft über das Ausrottungs-Wunder *Roundup* nachdenke. Insgeheim träume ich davon, meinen Garten in einer mitternächtlichen Razzia mit diesem berühmt-berüchtigten Unkrautbekämpfungsspray wieder zurückzuerobern.

Ich suche nach einem einfacheren Heilsplan als die Handlese. Ich durchkämme die Zeitschriften *Mother Earth News* und *Organic Gardening* nach Lösungen gegen Quecken-Armeen. Ich will sie ungedingt niederkämpfen. Ich stoße auf eine Passage, in der eine Reihe von Techniken und Methoden beschrieben werden. Man kann die Bodenfräse einsetzen, den Bereich mit schwarzer Plastikfolie abdecken und dann wieder häufig mit der Bodenfräse arbeiten, bis alle aufstrebenden Wurzeln verkümmert sind. Man kann auch noch mehr Artillerie zum Einsatz bringen, indem man Buchweizen in dem mit der Bodenfräse bearbeiteten Bereich anpflanzt. Buchweizen macht sich ganz gut darin, mit Quecken zu konkurrieren. Und beim Anpflanzen erhält der Boden jedes Mal neues organisches Material in Form der untergepflügten Buchweizen-Babys.

Probiere ich das alles aus? Darauf können Sie wetten! Hilft es? Hm, na ja ... ganz gut.

Nach Jahren all dieser Anstrengungen und Experimente fällt mir auf, dass ich mit dem Unkraut überhaupt noch gar nicht gesprochen habe. Ich frage mich, ob mein Feind wohl so gütig wäre, mir zu sagen, wie ich ihn abmurksen kann?

Quecken: Begegnung mit dem Widersacher

Es scheint ja so, dass ich mit dem Unkraut inzwischen per Du bin. Dutzende Stunden habe ich damit verbracht, es zu rupfen und auszubuddeln! Ich glaube, ich quecke mittlerweile ganz gut, aber ein Gespür für den Geist der Quecke fehlt mir bis jetzt. Ich fasse den Entschluss, setze mich hin, nehme meinen ganzen Mut zusammen und stimme mich ein. Es ist an der Zeit, dass ich die Quecken bescheiden um Rat frage, mit welchen Maßnahmen sie in Schach gehalten werden können. Ich mache mich bereit und überzeuge mich schließlich selbst, mein Herz zu öffnen.

Ellen: Engel dieser Quecken, darf ich in eine bewusste Verbindung mit dir treten? Es ist schon längst überfällig, dass ich mit dir auf dieser Ebene zusammentreffe. Würdest du mir helfen?

Ich habe Buchweizen vorne in eure etablierte Kolonie gepflanzt. Wie lautet deine Meinung, ist es wirkungsvoll, Buchweizen zu pflanzen? Bringt es Erfolg, wie in dem Zeitschriftenartikel behauptet wird?

Deva der Quecken: *Buchweizen betreibt aggressiven Wettbewerb, genau wie wir. Wir konkurrieren jetzt miteinander, und keiner* *gewinnt. Es ist so, als würde man sich gegenseitig mit gleich viel Kraft mit dem Ellbogen stoßen.*

Ellen: Ich habe euch per Hand ausgerupft, statt Chemikalien zu verwenden. Wie ist das für euch?

Deva der Quecken: *Oh, das Jäten macht uns nichts aus. Das ist echte Interaktion im Gegensatz zu einem technologischen Rundumschlag.*

Langsam bekomme ich ein Gefühl für seine Persönlichkeit. Dieses Wesen ist wie ein 20-Jähriger, der stolz auf sein Krafttraining und seine Muskeln ist. Er fühlt sich absolut gut, und wenn er eine Chance sieht, ergreift er sie, ohne eine Sekunde zu zögern.

Ellen: Warum seid ihr überall so in Hülle und Fülle vorhanden – in Wäldern, Feldern, Gärten, Wiesen?

Deva der Quecken: *Wir haben unseren Lebensraum wegen der menschlichen Aktivitäten so ausgebreitet. Wenn die Menschen die natürlichen Vegetationsmuster der gesamten Bioregion von South Central Alaska zerstören, dann treten wir auf den Plan. Wir sind perfekt dafür geeignet, Vorteil aus gestörtem Boden zu ziehen. Das ist unsere Aufgabe: alle verfügbaren freien Stellen auszufüllen. Wir halten die Erde fest, indem wir uns an freigelegten Stellen ausbreiten.*

Ich begreife, dass ich Quecken noch nie als ein Instrument der Natur betrachtet habe, das jedes Vakuum verabscheut. Jetzt verstehe ich, warum dieser Kerl wie ein Raufbold hier hereinplatzen und sich selbst gleichzeitig als nützlicher Diener der Erde betrachten kann. Beherzt erledigt er seine Aufgabe, ein Gewebe aus Wurzeln zu stricken, um freigelegten Boden zusammenzuhalten. Entschieden macht er sich die Energie des Landes und der Sonne zunutze und breitet sein grünes Netz aus, wo er nur kann. Er ist ein Energiebewahrer und Erosionsbekämpfer. Ich beginne einzusehen, dass mein Garten, ja jeder Garten, eine Herausforderung für Herrn Quecke ist. Ich habe perfekte Stellen für ihn geschaffen, um seine Pflichten gegenüber Mutter Erde zu erfüllen.

Um festzustellen, ob mein Eindruck richtig ist, frage ich: "Ihr seid also wie die Mähnengerste – ihr seid so erfolgreich und so weit verbreitet, weil die Menschen Land roden, den Mutterboden öffnen und blanke Erde zurücklassen?

Deva der Quecken: Ja, und dazu kommt noch die menschliche Einstellung. Ihr findet uns zahlreich und dominant, aber wir sehen uns gezwungen zu kämpfen. Wir reagieren auf die Menschen, die sich über uns ärgern und gegen uns in die Schlacht ziehen. Wir reagieren auf den Krieg, indem wir um unser Leben kämpfen.

Die Menschen regen sich manchmal fürchterlich über uns auf, wie schnell wir uns ausbreiten und alles vereinnahmen. Aber unser ehrgeiziger Charakter ist nicht nur unsere Schuld. Die Menschen schaffen mit ihren Aktivitäten die Voraussetzungen, indem sie nackten Boden hinterlassen. Wenn die Menschen sich über uns ärgern und mit chemischen Unkrautbekämpfungsmitteln gegen uns ins Feld ziehen, dann fühlen wir uns dazu getrieben zu überleben. Aggression gibt uns das Gefühl, dass wir uns wehren müssen, um nicht zu sterben.

Ellen: Du meinst, dass diese negative Einstellung Energie ist? Und dass diese Energie sich verstärkt, wenn die Menschen den Krieg mit chemischen Waffen verschärfen? Wodurch sie den Kampf immer wieder neu schüren? Mehr Quecken schaffen mehr Hass aufseiten der Menschen, was mehr Krieg verursacht und daher wieder mehr Quecken zur Folge hat?

Deva der Quecken: Ja, das ist richtig.

Ellen: Das klingt wie die Geschichte der Nacktschnecken. Wir Menschen richten unsere Wut auf einen Schädling oder ein Unkraut. Ohne es zu merken, bringen wir unsere negative Einstellung mit in den Teufelskreis und unterstützen so eine noch aggressivere Ausbreitung des "Feindes".

Deva der Quecken: *Das stimmt! Wir wünschten, unsere Beziehung mit den Menschen wäre freundlicher. Unsere Form hat viele Vorzüge!*

Ellen: Nun, dann fangen wir einfach bei mir an, Deva der Quecken. Du hast mich nachdenklich gemacht. Ich hoffe, dass wir wieder miteinander sprechen können. Fürs Erste bedanke ich mich herzlich bei dir!

Eine Weile sitze ich grübelnd da. Mir dreht sich der Kopf über dieses Konzept mit dem Teufelskreis. Das ist nichts anderes als Fehden und Kriege zwischen Menschen. Der Deva der Quecken behauptet, dass ich ein Teil des Problems bin. Nein. Das kann nicht sein. Oder?

Verbreite auch ich mein Gift? Wie sehr handele ich aus Ärger oder Rachegefühlen heraus? Ich sollte wohl einmal anfangen, meine Gedanken über Quecken zu beobachten. Dann werde ich ja sehen, ob ich mich selbst ertappe und meine Gedanken positiv verändern kann.

Zurück also zu meinen Quecken-Ausgrabungen, aber zuerst werde ich anfangen, an meinen inneren Einstellungen zu rupfen. Mal sehen, ob ich die Quecken einfach mit einer neutralen oder wertschätzenden Haltung ausreißen kann. Vielleicht werde ich an ihrem Wachstum keine Änderungen feststellen können, aber ich muss ja keinen Groll hegen.

Ein Blumenkohlrätsel

Dies ist ein spannender Moment. Ein Blick auf meinen Gartenplan zeigt mir, dass die erste Ladung Blumenkohl für diesen Sommer erntereif sein sollte. Ich habe mir ihr Viertel schon länger nicht mehr angeschaut.

Gütiger Himmel! Was für unglaubliche Blumenkohlköpfe!

Sie sind mikroskopisch klein. Sie erinnern mehr an Mantelknöpfe als an Blumenkohl. Warum? Ich bin perplex. Ich sollte es wohl besser herausfinden. Ich weiß, dass die winzigen Köpfe garantiert nicht mehr größer werden. Missbilligend brumme ich vor mich hin. Sie sind reif, aber mini. Besser wäre es wohl, das gesamte Blumenkohlbeet abzureißen und ein paar Radieschen für den Herbst auszusäen.

Aber zuerst brauche ich Antworten. Was ist aus den esstellergroßen Visionen geworden, die ich hatte? Was kann ich für eine bessere Ernte nächstes Jahr tun? Ich begebe mich auf die Suche nach Antworten, indem ich mich auf den Deva des Blumenkohls einstimme.

Ellen: Sei herzlich gegrüßt, Deva des Blumenkohls! Danke, dass deine Form hier in meinem Garten wächst. Ich brauche deinen Rat bezüglich eurer kleinen Röschen da vorne ... wie kann ich euch helfen, künftig gigantische Blumenkohlköpfe für den Verkauf hervorzubringen? Welche speziellen Voraussetzungen oder Nährstoffe braucht ihr von mir?

Deva des Blumenkohls (in lockerem und lässigem Tonfall): Wenn du zu Beginn des Frühlings den Boden unserer Beete vorbereitest, hätten wir gerne eine Extraportion deines Biodüngers, insbesondere mehr von dem Stickstoff, Magnesium und Kalium.

Wir brauchen das alles in bestimmten Zeiten unseres Wachstums.

Auch hilfreich ist ein Nachschub dieses Biodüngers in der Übergangszeit. Was das Wieviel und das Wann angeht, bleib mit uns in Kontakt, und wir geben dir mehr Anweisungen bezüglich Seitendünger und Blattsprays.

Ellen: Aha! Die Ursache ist also ein Mangel an diesen drei Mineralien. Die Blumenkohlstrünke und -blätter sehen spindeldürr aus, das ergibt wirklich Sinn. Vielen Dank für dein Verständnis und deine besonderen Empfehlungen. Ich weiß deine Hilfsbereitschaft mir gegenüber wirklich zu schätzen. Deine Anweisungen sind gut umsetzbar. Ich freue mich schon auf großköpfige Ergebnisse nächstes Jahr.

Ich mache mich sofort daran, die enttäuschenden Blumenkohlpflanzen auszureißen. In dieser Saison werden ihnen ohnehin keine neuen Köpfe mehr wachsen. Eine Stimme sagt: "Tu das nicht!" Ich tue es trotzdem. Ich sprühe vor reformistischer Energie. Erst als es Zeit ist, im Herbst den Garten aufzuräumen, lerne ich, warum ich besser damit gewartet hätte.

> ### Blumenkohl-Elixier
>
> **Magnesium (Mg)** und **Kalzium (Ca)** Magnesium und Kalzium sind lebenswichtige Elemente, damit Pflanzen gut und gesund wachsen, heranreifen und Früchte tragen. Neben Magnesium muss auch Kalzium vorhanden sein, damit es seine Wirkung entfalten kann. Wenn Sie Kalk dafür nehmen, befolgen Sie die Empfehlungen der Bodenanalyse speziell für Ihren Boden. Mehr über Dünger finden Sie in Anhang 2.

Ernten und aufräumen: Rühr mich nicht an!

"Räumen Sie Ihren Garten im Herbst gründlich auf.

*Jäten Sie alles Gemüse, alle Kräuter und alle Blumen. Entfernen Sie allen Abfall, in dem Schädlinge und Krankheiten überwintern könnten.
Wenn Sie zeitig aufräumen, bieten Sie Schädlingen erst gar keinen möglichen Lebensraum.
Auf diese Weise beugen Sie einer ungewollten Vermehrung von Schädlingen und Eiern vor.*

Legen Sie zuletzt einen Komposthaufen an."

So sprach der örtliche *Cooperative Extension Service*. Sauberkeit und Ordnung sind das Gebot der Stunde, und alle klugen Gärtner sollten im Herbst gründlich aufräumen.

Ich bin bereit! Es ist der 24. September, vorige Nacht gab es leichten Frost, und ich habe alles an Brokkoli und Kohl zusammengetragen, was ich wollte. Auch mit den Kohlrabi- und Blumenkohlbeeten bin ich soweit fertig. Jetzt brenne ich nur noch darauf, die Beete entlangzuhechten und alle Stiele und Strünke herauszureißen. Mein Häcksler/Zerkleinerer ist startklar. Es ist ideal, die Strünke weiterzuverarbeiten, wenn sie noch grün sind, weil sie dann schneller und besser kompostieren.

Ich werde mich dermaßen tugendhaft fühlen, wenn ich diesen Herbst den Garten aufräume. In den letzten Jahren bin ich nie so weit gekommen und musste dann immer im Frühling alles säubern – wenn ich ohnehin mit dem Pflanzen genug beschäftigt war.

Außer dass ... irgendwie habe ich ein komisches Gefühl. Was nagt denn da so an mir? Soll ich es ignorieren? Ich bin gerade so in Schwung, perfekt gerüstet und bereit loszulegen! Meine Güte. Vielleicht sollte ich erst einmal abbrechen und nachfragen. Vielleicht hat Fay Zeit, das mit mir gemeinsam anzugehen. Sie kann mir bestimmt helfen, es abzuklären.

Fay hat Zeit für ein spirituelles Gespräch. An welchen Deva im Garten sollen wir uns wenden, wenn mein Bauch mir sagt, dass etwas nicht stimmt? Wir einigen uns auf den Deva des Bodens.

Fay und Ellen: Deva des Bodens, ich bin bereit, die Gartenpflanzen zu jäten. Ich plane, sie und die Strünke zu zerkleinern und dieses Material zu kompostieren, solange es noch grün ist. Gibt es dabei ein Problem?

Deva des Bodens: *Ja!*

Fay und Ellen: Tatsächlich? Welches denn und warum?

Deva des Bodens: *Diese Pflanzen haben in der gesamten Vegetationsperiode Energie aufgebaut und bewahrt.*

Ellen: Du meinst, dass ich sie nicht sofort ausreißen sollte?

Deva des Bodens: *Richtig. Vermeide es, ihnen durch das Abernten oder Entfernen einen Schock zu versetzen. Frag sie, bevor du sie ausreißt!*

Fay und Ellen: Warum?

Deva des Bodens: *Weil diese Pflanzen Zeit brauchen, um ihre Energie zurück in den Boden zu leiten. Die Grünpflanzen sind noch am Leben und haben ein Energiefeld. Die Energie muss in den Boden zurückkehren, woher sie gekommen ist.*

Fay und Ellen: In den Boden?

Deva des Bodens: *Woher, meint ihr, kommt denn ihre Energie?*

Ellen: Ich ging wohl davon aus, dass Grünpflanzen das Ergebnis von Sonne, Regen, Erde und Chlorophyll sind. Pflanzen wachsen und sterben einfach. Wow, ich hatte nie an den Boden als Hauptenergiequelle gedacht. Dir zufolge hört es sich so an, als wäre die Erde eine Energiebank. In der Vegetationsperiode vergibt sie Energie als Kredit, der danach wieder an sie zurückgezahlt wird.

Deva des Bodens: *Ganz genau.*

Ellen: Dein Rat ist wirklich eine Überraschung. Ich dachte, tot ist tot. Ich dachte, "Auszehrung des Bodens" bedeutet Mineralienverlust. Ich dachte, "Energiesparen" gilt nur für den sinnvollen Umgang mit fossilen Brennstoffen. Das ist eine ganz neue Betrachtungsweise.

Deva des Bodens: *Allerdings!*

Ellen: Und wie verfahre ich jetzt weiter?

Deva des Bodens: *Wenn eine Pflanze noch grün ist, sag ihr, was du planst ... bevor du sie jätest. Oder sprich mit der ganzen Reihe, wenn du große Mengen hast. Bitte die Pflanzen, ihre oberirdische Energie in den Boden abzusenken. Dann gib ihnen Zeit dafür. Zum Schluss arbeite diese Grünpflanzen direkt an Ort und Stelle mit der Bodenfräse ein.*

Ellen: Wirklich? Ich wollte sie eigentlich zerkleinern und dann fröhlich zum Komposthaufen karren. Hm. Du sagst mir jetzt etwas völlig anderes. Du sagst, dass ich die oberirdischen Gemüsepflanzen bitten soll, ihre Energie abzusenken. Dann soll ich keine Reste zum Komposthaufen bringen. Ich soll das Pflanzenmaterial direkt in den Boden, in das Beet einarbeiten. Das bedeutet, dass ich weniger Rohmaterial für den Kompost haben werde.

Wie lange soll ich denn warten, bevor ich alles jäte und die Bodenfräse einsetze?

Deva des Bodens: *Da gibt es keinen festen Zeitplan. Das hängt von dem Gemüse und der Phase der Vegetationsperiode ab. Deshalb ist es gut, jedes Mal bei mir nachzufragen.*

Jetzt gilt: Dein Brokkoli braucht fünf Tage Vorwarnung, am sechsten Tag kannst du ihn unterpflügen. Der Kopfsalat braucht drei Tage, dann arbeitest du ihn am vierten Tag ein. Er ist schon weiter und braucht nicht so lange, um seine Energie abzusenken. Deine Kohlstrünke brauchen nur einen Tag, nachdem du sie gefragt hast. Die Kürbisse und Erbsen sind vom Frost schwarz geworden, daher kannst du sie sofort ausreißen.

Dein Unkraut solltest du natürlich jederzeit mit deiner Bodenfräse in die Erde einarbeiten. Mit dieser Gründüngung musst du im kommenden Frühling nicht so viel Kompost in den Garten bringen.

Am wichtigsten ist aber: Denke daran, dass alles gerne gesagt bekommt, wenn es geerntet, umgesetzt oder entwurzelt werden soll. Je weiter der Herbst vorangeschritten ist, besonders nach dem Frost, desto weniger Vorwarnungen sind nötig. Jeder Gärtner muss seine individuelle Situation erfragen. Oder bis zum Frühling warten, um aufzuräumen und Strünke zu sammeln, wie du es bisher gemacht hast.

Ellen: So viel zu meiner Kompostbegeisterung. Sagst du mir damit, dass manche Gemüsepflanzen es lieber haben, mit den Wurzeln in der Erde zu bleiben, bis der Frost sie abtötet?

Deva des Bodens: *Ja.*

Ellen: Deva des Bodens, ich habe auch noch schnell wachsendes Gemüse wie Pak Choi und Spinat. Diese frühen Ernten haben im Hochsommer das Produktionshoch schon überschritten. Ich will die Wurzel- und Strunkreste entfernen, die Beete säubern und andere Pflanzen säen. Was ist damit? Empfiehlst du mir, jede Sorte jedes Mal zu fragen (oder vorzuwarnen), bevor ich sie entwurzele? Willst du sagen, dass ich keine festen Regeln für die Pflanzen oder die Jahreszeiten zu erwarten habe?

Deva des Bodens: *Das stimmt genau.*

Fay: Sind die Wurzelfrüchte ein anderer Fall?

Deva des Bodens: *Ja. Deine Möhren, Rote Beete, Kartoffeln und Rüben wissen ebenfalls eine Vorwarnung zu schätzen. Aber ihr Fall ist anders, weil ihr den Wurzelteil esst. In dem Fall willst du nicht, dass sie mit ihrer Energie irgendetwas machen. Wenn du zum Beispiel Möhrengrün herunterschneiden oder Kartoffelstrünke und -blätter entfernen musst, mach das direkt in der Reihe, die du ernten willst. Diese grünen Teile werden verrotten und in den Boden zurückkehren. Nochmals: Die Energie, die in den Wurzeln ist, muss auch dort bleiben, weil das der Teil ist, den ihr esst.*

Ellen: Wir Menschen leben also in Wirklichkeit von der Energie der Pflanzen, nicht nur von Kalorien und Vitaminen. Das bedeutet, dass hochwertige Nahrung in Wirklichkeit mit der Qualität der Energie dieser Pflanzen zu tun hat, oder?

Deva des Bodens: *Das stimmt. Genau das sagen euch auch eure Quantenphysiker.*

Ellen: Okay! Worum bitte ich also dann die Wurzelfrüchte?

Deva des Bodens: *Bitte sie, ihre Energie im Wurzelteil, den du erntest, zu sammeln und zu stabilisieren. Bitte sie darum, direkt bevor du anfängst zu graben.*

Fay empfängt ein Bild oder Diagramm der Energiemuster in einer Wurzelfrucht, bevor und nachdem der Mensch sie bittet, ihre Energie zu stabilisieren.

Ernten und aufräumen: Rühr mich nicht an!

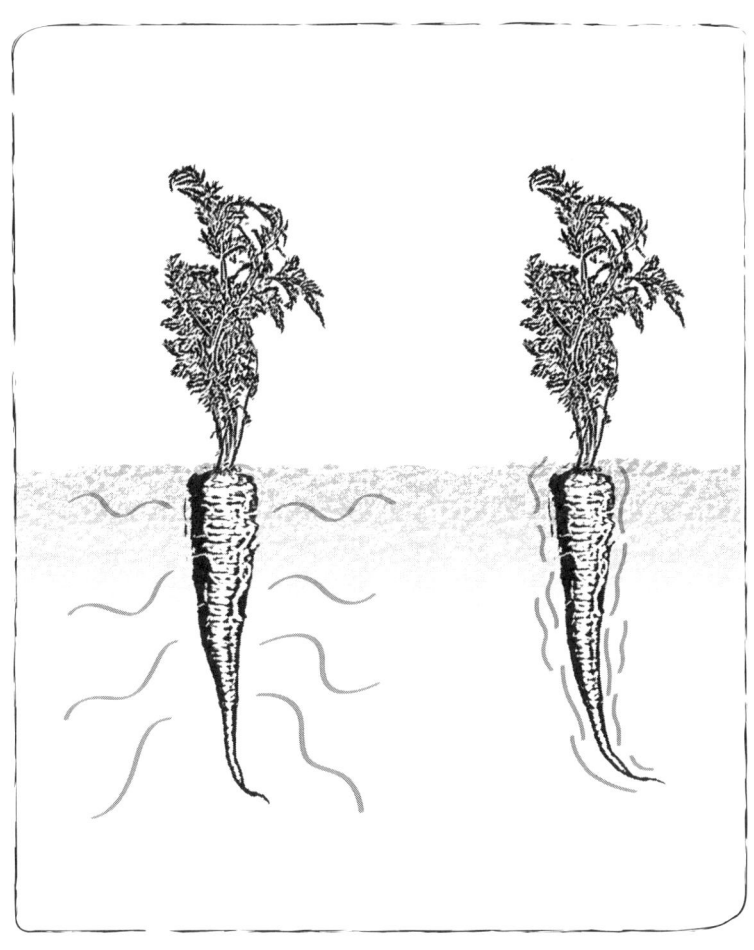

Fay und ich danken dem Deva des Bodens überschwänglich und trennen die Verbindung. Diese Botschaft macht deutlich, wie wenig wir Menschen eigentlich über Energieaustausch wissen. Gleichzeitig hören sich die Ratschläge dermaßen abwegig an ... glaube ich das alles?

Ja. Diesmal **weiß** ich, dass ich mir keine Antworten im Kopf zusammendichte! So etwas hätte ich mir niemals selbst ausdenken können. Es steht allem entgegen, was ich je an Ratschlägen zum Thema Gartenbau gelesen und gehört habe.

Mir ist immer noch ganz schwindelig von diesem Gespräch, als ich meine schwere Schreddermaschine zurück in die Garage rolle. Dann mache ich mich wie der Freiheitskämpfer Paul Revere daran, meine letzten Pflanzen vorzuwarnen: "Ich komme, ich komme! Ellie the Ripper kommt!" In meinem Kalender streiche ich mir die Rupftage an, die ich gerade mit den einzelnen Gemüsesorten vereinbart habe.

Ich meine, wir alle werden gerne im Voraus über Dinge informiert, die mit uns gemacht werden sollen. Unter höflichen Menschen ist das allgemein üblich. Bei Pflanzen ist es Höflichkeit plus Energie-Recycling! Und wenn wir Obst und Gemüse essen, das nicht besonders viel Energie hat, hat es als Nahrung nur einen minimalen Wert für uns – egal, wie schön es aussieht.

Ernten: Rede, bevor du rupfst!

Die Begleitworte für die Ernte von Blatt- und Blütenpflanzen sind andere als die für die Ernte von Stiel- und Rankengewächsen, habe ich gelernt. Die Naturintelligenzen haben mir spezielle Redewendungen und Gebete beigebracht. Vielleicht finden Sie sie hilfreich, siehe Anhang 4. In jedem Fall bittet das Gemüse darum, es mit Freude und Wertschätzung zu essen.

Rote Bete: Überwinterung

Ich biege den weißen Plastikeimerdeckel auf. Ich wedele ein bisschen Schmutz beiseite und tauche mit den Fingern ein. Sofort werden meine Sinne von einem Gestank attackiert, der riecht wie ein vor drei Tagen überfahrenes Tier. Ist etwa ein totes Tier da drin? Ich ziehe die Finger aus dem ekelerregenden Brei.

Plötzlich fühle ich mich ganz übel in der Falle hier im Gemüsekeller. Ich habe eine freudige Schatzsuche nach leckerer Roter Bete erwartet. Im letzten Herbst habe ich vier Eimer davon gelagert, in die ich sorgfältig runde rote Wurzeln und Erde geschichtet habe. Was ist da mit unserem Wintervorrat an Roter Bete passiert?

Bloß raus hier! Diese stinkende, matschige Verwesung wird NICHT als Essen auf unserem Tisch landen! Ich klatsche den Deckel wieder drauf, klettere die Leiter hoch und knalle die Gemüsekellertür zu.

Ich habe nach der festen, schmackhaften Roten Bete gelechzt, die wir in den vergangenen Wintern genossen haben. Ich habe diese Rote Bete exakt genauso verpackt wie in den anderen Jahren. Normalerweise bleiben sie bis in den März oder April hinein frisch. Was mir aufgefallen ist, sind die neuen Triebe, die aus der Roten Bete in diesem grauenvollen Eimer gesprossen sind. Ich weiß, dass die Temperatur im Keller nicht bis unter den Gefrierpunkt gesunken ist. Was ist da schiefgelaufen?

Mir ist zu schlecht, und ich bin zu verblüfft, um mich allein für ein spirituelles Gespräch einzustimmen. Fay bietet mir ihre Hilfe an, um den Deva um Rat zu fragen.

Fay und Ellen: Deva der Roten Bete, was ist mit unserer eingelagerten Roten Bete passiert?

Deva der Roten Bete (mit dem Weihnachtslied *"The Holly and the Ivy"* als Hintergrundmusik): *Einige Rote-Bete-Sorten können nicht so gut gelagert werden wie andere. Mit dem bloßen Auge konntet ihr nicht sehen, dass einige Strünke Frost abbekommen hatten, als ihr sie ausgegraben und eingelagert habt.*

Versucht, die Rote Bete einzulagern, bevor der Frost einsetzt.

Fay und Ellen: Ah, das ist also passiert. Welche Sorten lassen sich denn gut einlagern?

Deva der Roten Bete: *"Ruby Red" gehört dazu. Seht die Kataloge durch und experimentiert mit verschiedenen Sorten. Sucht nach welchen, die den Angaben zufolge gut überwintern können.*

Fay und Ellen: Also dann, vielen Dank, Deva der Roten Bete. Wir werden jetzt aufmerksamer und wachsamer sein. Deine Erklärung hilft mir, all meinen Mut zusammenzunehmen, die Eimer rauszuschaffen und zu kompostieren ... wenn ich es schaffe, so lange die Luft anzuhalten!

Was hat es eigentlich mit dem Weihnachtslied auf sich?

Deva der Roten Bete: *Esst euren gesamten Wintervorrat an Roter Bete bis Weihnachten auf. Wir können nicht viel länger fortbestehen, wenn es Frostschäden gegeben hat. Das sollte euch helfen, einen weiteren Verderb im späteren Winter zu verhindern.*

Fay und Ellen: Ein toller Vorschlag! Vielen Dank! Wir lieben dich. Bis bald.

In den nächsten Jahren hat unsere Rote-Bete-Lagerung eher durchwachsenen Erfolg. Warum? Ich trage nicht immer meinen

Teil bei. Ich gebe mein Bestes, um die Rote Bete vor starkem Frost zu ernten und einzulagern, aber ich kann nicht immer feststellen, ob sie schon von einem Frosthauch geschädigt wurde.

Wir haben gelernt, dass der Deva der Roten Bete exakt in seinen Angaben ist: Wenn wir die gebunkerte Rote Bete vor Ende Dezember aufbrauchen, vermeiden wir stinkende Eimer. Wir haben immer wieder Neues zu lernen. Aber welch eine Freude es doch ist, mitten in der Skilanglaufsaison unsere eigene Rote Bete zu schlemmen!

Soll ich Unterricht über Devas geben?

Mein großartiges, leckeres Gemüse steht bereit! Kommt und holt es euch!

Das muss der mentale Schrei jedes Gemüsegärtners sein. Was ist schlimmer, als reihenweise schmackhaftes Grünzeug in voller Reife und keine Käufer zu haben? In den ersten paar Jahren hefte ich einfach ein Schild mit der Aufschrift "Frisches Biogemüse zu verkaufen" an meinen Briefkasten. Das ist mein ganzes Werbeprogramm; ich bin eine zu kleine Herstellerin, um gewerblich oder en gros zu verkaufen. Ich hänge von Kunden ab, die bei mir vorbeischauen.

Also spule ich in meinem Kopf immer wieder dieselbe Botschaft ab und sende sie hinaus: Ich habe erstklassigen Salat, perfekt zum Mitnehmen. Die Rote Bete-Blätter sind zart. Der Spinat ist vollkommen. Bitte kommt auf meine Einfahrt und kauft tütenweise Radieschen und Rhabarber. Die perfekten Blumenkohlköpfe hier werden nächste Woche ihre beste Zeit hinter sich haben.

Ich staune nicht schlecht, als ich mehr Leute bei mir aufschlagen sehe als letzte Woche. Wie finden sie *Good Earth Gardens*? Irgendwo muss ein Deva der Kunden hart für mich arbeiten und die Käufer direkt auf meine Einfahrt lenken. Einige Leute kommen wegen des Gemüses. Manche kommen, um über Gartenbaustrategien zu diskutieren. Andere wiederum werden von dem Frieden und der Schönheit hier angezogen. Manchmal spüre ich die Synchronizität, wenn sie kommen. Anscheinend erfüllt dieser Ort Bedürfnisse. Dieser Teil fühlt sich gut an.

Was mich aber immer noch aus der Fassung bringt, sind die Fragen. Die Kunden und Besucher löchern mich mit Fragen zum Thema Gartenbau. Welchen Dünger sollen sie benutzen und wie viel? Was sollen sie mit den Schädlingen in ihrem Garten tun? Was stimmt nicht mit ihrem Komposthaufen? Ich antworte mit den konventionellen Biomaßnahmen. Dann frage ich mich, ob ich den Leuten wohl beibringen soll, wie man mit Devas gärtnert? Ich erwähne kein Wort von Faktor X, das heißt Devas, Naturgeister und spirituelle Gespräche mit selbigen. Und dabei fühle ich mich wieder, als würde ich etwas verheimlichen.

Wenn ich in Schulen, auf Konferenzen und in diesem Garten Unterricht zum Thema Biolandbau gebe, soll ich dann verraten, wie man mit Naturintelligenzen arbeitet? Soll ich dabei irgendetwas über die spirituellen Dimensionen des Gartenbaus einstreuen? Wie kann ich denn die Tatsache übergehen, dass ich so viele unsichtbare Verbündete habe? Ist es angemessen, meinen Schülern diese devischen Persönlichkeiten und ihre großzügige Kooperation nahezubringen?

Ich bin verwirrt. Dilemmas bringen mich immer dazu, dass ich eine Autorität um Rat fragen will, und das hier ist die perfekte Frage für ein spirituelles Gespräch. Da mein aufgestautes inneres Geplapper zur Folge haben könnte, dass ich weniger empfange, bitte ich Fay, mir bei diesem Gespräch zur Seite zu stehen.

Fay und ich machen uns bereit. An wen wenden wir uns mit dieser Sorte Fragen? Wir beschließen, ganz oben nachzufragen. Wir fragen Gott und erhalten wieder einmal unerwartete Antworten.

Fay: Heiliger Geist, soll ich die Findhorn-Beziehungen mit den unsichtbaren Wesen hier erwähnen, wenn die Leute mir Fragen zu meinen Gartenbaumethoden stellen?

Heiliger Geist: *Nein, das ist nicht nötig.*

Fay: Ich habe immer gerne Kurse über die Natur und das Gärtnern gegeben. Dieses Jahr würde ich gerne noch mehr unterrichten. Wenn ich das tue, soll ich dann auch meine Erfahrungen mit Devas und Naturgeistern mit einbeziehen?

Heiliger Geist: *Du bist nicht verpflichtet, andere zu unterrichten. Deine alltägliche Einstellung macht einen viel größeren Unterschied als das, was du anderen zu vermitteln versuchst. Wichtig ist deine Lebensweise, und es ist wichtig, du selbst zu sein. Damit meine ich deine ganze Einstellung zum Leben, nicht nur, richtige Entscheidungen zu treffen.*

Es ist die Energie und der Frieden, die du ausstrahlst. Das ist das Wichtigste. Es geht darum, wer und wo du bist.

Fay: Dieser Garten ist ein persönlicher Lehrer für mich. Er ist ein Labor, um Spiritualität in der Praxis zu erlernen. Der Garten hat mich mehr über das Wesen Gottes gelehrt als Priester, Bücher und Kirchen es je konnten. Soll ich die Lektionen in Sachen Spiritualität erwähnen, die wir hier gelernt haben?

Heiliger Geist: *Mach aus dem Garten keine Kirche. Der Garten ist hauptsächlich für dich. Ich werde diejenigen herschicken, die von diesem Garten etwas lernen müssen. Ich werde sie allein, zu zweit oder zu dritt schicken, wie es gebraucht wird. Einige, die ich schicken werde, werden einfach nur körperlich im Garten sein müssen. Einige werden die Energien aus der Nahrung brauchen. Einige werden Heilung von einem bestimmten Aspekt des Gartens brauchen. Einige werden dich oder andere Mitglieder des Haushalts persönlich kennenlernen müssen – den menschlichen Aspekt. Einige werden etwas über Devas und Naturgeister lernen müssen. Du wirst wissen, was jeder Einzelne braucht, weil ich sie hergeschickt habe.*

Ellen: Du meinst, dass ich einfach nur darauf vertrauen soll, dass, wer immer auch herkommt, erhalten wird, was er gerade braucht? Ich muss mir kaum Mühe geben? Ich muss nur erspüren, wozu sie bereit sind? Du siehst meinen Job aber als sehr einfach an. Wenn ein Besucher etwas über Gartenbaumethoden wissen will, muss ich ihm lediglich Biomethoden erläutern. Wenn jemand das Thema Spiritualität eröffnet und weiterfragt, kann ich ruhig ein bisschen über die Findhorn-Dimension sprechen. Puh, ich bin erleichtert.

Danke, dass du mir meine Aufgabe klar erläutert hast. Es ist hilfreich, daran zu denken, dass du diese Show inszenierst und dass die Energien dieses Landes die Bedürfnisse der Besucher erfüllen werden. Danke, dass du das für mich einfacher gemacht hast – jetzt kann ich mich entspannen und genießen, wer auch immer hierherkommt.

»Leb wohl, mein Garten!« – Abschied von meinen unsichtbaren Freunden

Die Zeit ist gekommen. Wir müssen unser Haus und unser Grundstück verkaufen. Es ist der Herbst 1997, und Jim zieht aus unserem Bundesstaat weg, um zu heiraten. Fay und ich machen uns auf zu neuen Abenteuern.

Ich muss dem Land Lebewohl sagen, das ich *Good Earth Gardens* nenne. Ein Dutzend Jahre habe ich hier freudig die Erde bestellt. Ich hab es geliebt, meinen Lebensunterhalt aus diesem Stück Land zu bestreiten. Ich bin sehr dankbar, dass die Naturgeister und Devas zu meinen persönlichen Freunden und Lehrern geworden sind. Ich habe das Gärtnern dankbar als Lebensgrundlage erlebt. Es war ein gutes Leben hier, und jetzt warten neue Kapitel in meinem Leben darauf, aufgeschlagen zu werden.

Endlich haben wir einen Käufer. Ich freue mich sehr, dass es sich um ein Paar handelt, das das Wesen des stattlichen Hauses und seines Terrains zu schätzen weiß. Sie scheinen Interesse zu haben, auf den 7.000 Quadratmetern Land hier etwas anzubauen, am Fuße des 183 Meter hohen *Bodenburg Butte*. Ich werde ihnen die Pflege dieses fruchtbaren Bodens und der Landschaft überlassen. Ich frage mich, ob sie wohl an Biomethoden interessiert sind? Oder an einem Rückzugsort für Naturgeister oder Nacktschnecken?

Wir gerieten in einen Wirbelwind aus Inspektionen, Dokumentunterzeichnungen, Telefongesprächen, Begutachtungen, Brunnen- und Kläranlagentests, Vermessungen und Unmengen weiterer Vorgaben von Bank, FHA (Unterministerium für Wohnfragen) und DEC (Umweltschutzbehörde). Gestern ist der Inspektor des Brunnens und der Kläranlage aufgekreuzt. Der Sachverständige ist gekommen. Oh, oh. Haben wir den Devas gesagt, dass wir gehen? Habe ich daran gedacht, die Naturgeister zu warnen, dass ihr Rückzugsort gestört werden wird? Fay und ich stimmen uns an diesem Abend auf ein spirituelles Gespräch ein.

Ellen und Fay: Naturgeister und Devas, ihr alle, mit denen wir im Butte-Haus und in *Good Earth Gardens* arbeiten, wir grüßen euch mit einem großen Hallo! Wir waren sehr damit beschäftigt, dieses Grundstück zu verkaufen. Wir haben versäumt, euch zu sagen, was gerade vor sich geht. Dafür entschuldigen wir uns. Und wir trauern, da wir euch und diesen Ort zutiefst vermissen werden.

Wir bereiten das Haus und das Stück Land gerade auf den Verkauf vor. Das bedeutet, dass wir den neuen Eigentümern die Verantwortung überlassen müssen. Wir wünschten, wir könnten euch sagen, dass auch sie feinfühlige Mitschöpfer sein werden, aber das können wir nicht. Es fühlt sich merkwürdig an, unsere Zuständigkeit abzutreten. Eines Tages könnte das neue Paar empfänglich für Spirituelles sein, aber wir haben in dieser Sache kein Mitspracherecht.

Naturgeister, wir wissen nicht mehr genau, ob wir euch vor dem Defilee von Inspektoren gewarnt hatten, die durch euren Rückzugsort marschiert sind; bitte entschuldigt, dass eure heilige Stätte betreten wurde.

Wir haben es geliebt, mit euch allen zusammenzuarbeiten. Wir danken euch herzlich für unser gegenseitiges Lernen und unsere Abenteuer in Sachen Kooperation, Kommunikation und Kokreation. Wir werden euren Clan vermissen und wie wir als Team zusammengearbeitet haben. Wir fragen uns, wie ihr diese Veränderung seht.

Naturgeister (mit tiefen, schwungvollen Verbeugungen): *Danke, dass ihr in den vergangenen Jahren ein Teil dieses Landes gewesen seid. Jetzt können andere Orte sich an euch erfreuen. Geht und lernt unsere Entsprechungen in anderen Gebieten kennen!*

Als ich ein paar Sachen zu unserem neuen Wohnort schaffe, springen mir dort mehrere Nacktschnecken ins Auge. Seit dem strengen Winter ist unsere Nacktschneckenpopulation am Butte stark zurückgegangen, den ganzen Sommer hindurch habe ich keine Einzige zu Gesicht bekommen. (Ich gebe zu, dass ich ihre Anwesenheit nicht im Geringsten vermisst habe.) Doch hier an unserem neuen Wohnort sehe ich nun vier Nacktschnecken unter dem Deckel meiner Wurmbox herumkriechen, eine weitere überquert gerade den Rasen vor meinem Sitzplatz. Ich sage Fay, dass ich anfange, mir einige Fragen über Nacktschnecken zu stellen. Sie und ich stimmen uns auf dem neuen Grundstück für ein spirituelles Gespräch ein.

Fay und Ellen: Hallo, Robert, Deva der Nacktschnecken! Lange nicht gesehen! Was mich (Ellen) angeht, muss ich zugeben, dass ich überrascht und enttäuscht bin, euch hier zu sehen, weil das bedeutet, dass ich an unserem neuen Wohnort wieder Nacktschnecken-Patrouillen einführen muss.

Wir wollen euch ganz klar für all eure Liebe danken und für alles, was ihr uns am Butte gelehrt habt. Wir verkaufen dieses Grundstück gerade und können euch dort daher nicht dieselbe Arbeitsbeziehung mit den neuen Eigentümern versprechen. Jetzt sehen wir eure Formen hier auf dem Mietgrundstück, aber es wird nicht dasselbe sein, da wir hier nicht so tiefe Wurzeln haben. Wir werden uns nicht mehr so sehr mit Gemüseanbau beschäftigen.

Robert (mit einem sehr warmen, herzlichen Gefühl von Liebe): *Wir segnen euch und euren Umzug. Wir sind dankbar für die Gelegenheit, die wir in den letzten Jahren hatten, mit euch zu kooperieren und zu kokreieren. Danke, dass ihr mit uns zusammenarbeiten wolltet, und danke, dass ihr uns die Möglichkeit gabt, Kooperation zu erleben. Wir wissen es zu schätzen, dass wir alle zusammenkommen und gemeinsam experimentieren konnten.*

Ja, wir werden ab jetzt wieder öfter zusammen sein, da wir ein Teil der Pflanzen-/Tiergemeinschaft im Matanuska Valley *sind, aber ihr habt recht: Es wird nicht ganz dasselbe sein. Die Energien sind anders. Wir freuen uns, ein wichtiger Bestandteil der Butte-Phase eures Lebens und Lernens gewesen zu sein. Wir lieben euch sehr!*

Nachwort

Es hat mir viel Freude gemacht, Ihnen meine Geschichten über Kooperation, Kommunikation und Kokreation mit der Natur und in *Good Earth Gardens* von 1987 bis 1999 zu erzählen.

Ich habe meine Abenteuer in der Hoffnung geschildert, dass auch Sie Mutter Natur um Rat fragen werden. Ich hoffe, dass ich Sie zu neuen Möglichkeiten inspiriert habe zu kommunizieren, zu kooperieren und zu kokreieren. Die Devas und Naturgeister sind neugierig, von Ihnen zu hören!

Ich bin die Erste, wenn es darum geht zuzugeben, dass der Weg nicht immer klar oder einfach ist – zumindest für mich. Ich bin keiner dieser medial veranlagten Menschen. Ich habe Jahrzehnte konzentrierter Arbeit gebraucht, um meinen inneren Sumpf zu klären und die Botschaften der Naturintelligenzen zu hören. Auch jetzt noch fühle ich mich oft unsicher, bekomme keine Antworten und brauche einen "Mitsprecher", um mir zu helfen, die Mitteilungen zu empfangen. Ich empfehle Ihnen dringend, einfach mit diesen Schlenkern zu rechnen, bei denen Sie sich einmal als Experte und dann wieder völlig ratlos fühlen. Das ist einfach nur menschlich.

Wahres Können ist schwer zu erreichen und vielleicht etwas, was man niemals wird von sich behaupten können. Im großen Mysterium gibt es keinen Königsweg, um spirituelle Führung zu erhalten, daher höre ich nie auf zu lernen, zu entdecken und zu forschen.

Nachwort

Als ich 1986 damit begann, hatte ich das Glück, über die Erfahrungen von Pionieren wie Dorothy Maclean in Findhorn, Machaelle Small Wright in Perelandra, Penelope Smith, damals in Kalifornien, und Michael Roads in Australien lesen zu können. Seitdem erleben wir eine wahre Explosion spiritueller Literatur.

Heute gibt es eine Flut von Lehrern, Büchern, CDs und DVDs, Websites, Workshops und Schulungsmöglichkeiten, die man nutzen kann, und die Menschen in diesem neuen Jahrtausend haben eine wesentlich offenere Einstellung. Ich ermutige Sie, sich die Arbeit anderer zunutze zu machen. Heute haben Sie mehr Werkzeuge und Hilfsmittel zur Verfügung als je zuvor.

Ihre größte Herausforderung besteht darin, Ihr großartigstes Werkzeug zu nutzen: die Bejahung, dass Sie mit Gott und der Natur in einer Partnerschaft leben. Denn bei all dem geht es darum, sich daran zu erinnern, dass wir alle ein Tropfen in Gottes Meer sind und uns nach innen wenden können, um uns wieder mit unserer Göttlichkeit zu verbinden.

Erinnern Sie sich also immer wieder daran, dass Sie ein mächtiger, großartiger Geist sind, der in einem menschlichen Körper in Erscheinung tritt. Sie sind der Kollege der Devas und Naturgeister. Nehmen Sie dies an, und arbeiten Sie für das höchste Gut. Wetten, dass Sie noch viel weiter und schneller als ich springen können? Also legen Sie los! Wir alle profitieren von der freundlicheren, einfühlsameren Welt, die Sie erschaffen. Ich würde mich sehr freuen, Ihre Geschichten zu hören, wenn Sie sie weitergeben möchten. Für weitere Informationen über Kurse und Workshops können Sie sich gerne an mich wenden:

Good Earth Garden School
www.goodearthgardenschool.com
E-Mail: eco_ag@goodearthgardenschool.com

Segen für alle Wesen,
Ellen

Anlagen zum Thema ökologische, nachhaltige Anbaumethoden

Anhang 1

Umgang mit Schädlingen (Liste unvollständig)

Nehmen Sie sich zuerst Zeit, um festzustellen, um welchen Schädling es sich handelt. Sehen Sie sich dann genau Ihre emotionale Einstellung an, um zu vemeiden, in den Kampfmodus zu verfallen. Finden Sie heraus, ob die Schädlingspopulation und die Schäden wirklich hoch sind. Und schließlich erkundigen Sie sich sorgfältig nach Methoden, um mit den Schädlingen umzugehen. Berücksichtigen Sie alle Auswirkungen, und wählen Sie die passendste Methode für Ihre Situation.

A. Umgang mit Kohlmaden

Erkenne den Schädling. Es gibt zwei Hauptarten: die Kleine Kohlfliege, *Delia brassicae*, und die Wurzelfliege, *Delia platura*. Sie alle lieben die Familie der Kohlgewächse, auch Kreuzblütler oder Brassica genannt, sind aber auch in anderen Pflanzen zu finden. Der Einfachheit halber nennen wir sie einfach Kohlmaden. Sie durchleben eine vollständige Metamorphose vom Ei über die Larve und die Puppe bis hin zur ausgewachsenen Fliege. Die Fliege legt die Eier und erneuert damit den Zyklus. Unterbrechen Sie ihn mit Kontrollen im Ei-, Larven- und Fliegenstadium.

Schwebende Reihenabdeckungen sind Polyesterplanen, die über den Pflanzen ausgebreitet werden, um die ausgewachsenen Fliegen daran zu hindern, Eier auf die Pflanzen zu legen. Das gewebte Material muss an den Seiten und Enden des Beetes vollständig mit dem Boden abschließen, sonst finden die winzigen Fliegen einen Weg hinein. Die Methode funktioniert, wenn die Eier und Larven sich zum Zeitpunkt des Pflanzens nicht schon in den Beeten befinden.

Abnehmen der Eier per Hand bedeutet, auf Händen und Knien nach fast unsichtbaren weißen Eiansammlungen an den Pflanzenstängeln zu suchen und diese zu entfernen, was mehrere Wochen lang wiederholt werden muss.

Mischkultur bedeutet, eine Mischung aus Blumen, Kräutern und Gemüse zusammen anzupflanzen, statt wie in der Monokultur einen Bereich nur für eine Pflanzensorte zu reservieren. Mischkulturen machen, es den ausgewachsenen Tieren schwer, Wirtspflanzen für ihre Eier zu finden. Der gemischte Anbau hindert Larven daran, bequem von Pflanze zu Pflanze zu ziehen und mühelos das ganze Beet zu vertilgen.

Fruchtwechsel: Wechseln Sie jedes Jahr zu einer anderen Pflanzenfamilie, die Sie in diesem Bereich anbauen. Pflanzen Sie keine Kohlgewächse ein zweites Jahr an derselben Stelle. Vermeiden Sie Stellen vom letzten Jahr, die wahrscheinlich schon mit überwinternden Eiern, Larven und Puppen befallen sind.

Lebenszyklen: Säen Sie vor oder nach dem Höhepunkt der Larvenentwicklung im Lebenszyklus der Kohlmade. Die Bewohner des *Mat-Su Valley* in Alaska haben gelernt, dass der 7. bis 24. Juni die Spitzenzeit der Kohlmaden ist. Dort pflanzen Sie Kohlgewächse am besten nach dem 1. Juli, um größere Schäden zu vermeiden.

Biologisches Bekämpfungsmittel: Suchen Sie in den Katalogen nach nützlichen Fadenwürmern.

B. Raupen am Kragen packen

Per Hand aufsammeln oder "Swish and Squish": Streichen Sie leicht mit den Fingern durch die Erde, um den Übeltäter in der Nähe der befallenen Pflanze ausfindig zu machen.

Kragen: Umranden Sie jeden Pflanzenstängel mit einem Kragen, oder setzen Sie Nägel oder Streichhölzer hochkant an die Stängel, um Raupen daran zu hindern, sich darum zu wickeln und an den Stängeln herumzukauen.

Schwebende Reihenabdeckungen können vagabundierende Raupenlarven aussperren. Die Methode funktioniert, wenn die Eier und Larven sich nicht schon beim Pflanzen in den Beeten befinden und wenn die Polyesterplane an allen Seiten des Beetes vollständig mit dem Boden abschließt.

Umgraben: Das Umgraben per Hand oder der Last-Minute-Einsatz der Bodenfräse macht vielen Raupen einen Strich durch die Rechnung. Sie werden vergraben und sterben. Graben Sie im Herbst nach der Ernte nochmals alles um, um die Eier und überwinternden Larven unter die Erde zu pflügen.

Timing: Wenn Sie mit dem Pflanzen warten, bis die Raupen ihre Spitzenzeit gehabt, sich voll entwickelt und verpuppt haben, können Ihre Pflanzen gefahrlos wachsen. Das setzt natürlich voraus, dass die verzögert angebauten Pflanzen in der restlichen Zeit noch vollständig reifen können.

Mischkultur: Pflanzen Sie eine Mischung aus Blumen, Kräutern und Gemüse, um an den empfindlichen Sorten Schäden durch Raupen zu vermeiden.

Unkraut stehen lassen: Unkraut liefert den Raupen Nahrung. Da Raupen Unkraut fressen, vertilgen sie so nicht alle Ihre angebauten Pflanzen.

Fruchtwechsel: Wechseln Sie jedes Jahr die Pflanzensorte, statt immer wieder dieselbe Pflanzenfamilie am selben Ort anzubauen. Das hilft, überwinternden Eiern und Larven keinen unmittelbaren Vorteil zu verschaffen. Raupen mögen nicht jedes Gartengemüse gleich gern.

Kieselgur verstreuen: Dabei handelt es sich um ein Pulver aus den versteinerten Überresten von Kieselalgen. Kieselalgen sind einzellige Wasserpflanzen mit einer spitzen, stacheligen "Hülle". Wenn Insekten mit weichem Körper wie Raupen (auch Nacktschnecken und Schnecken) mit diesem groben Pulver in Berührung kommen, scheuert es ihre Haut auf und führt zu Austrocknung und zum Tod. Wenn Raupen und Nacktschnecken Kieselgur fressen, beeinträchtigen die scheuernden Kieselalgen ihre Verdauung und ihre Fortpflanzung.

ANMERKUNG: Wenn Sie Kieselgut einatmen, schädigt das Ihre Lungen. Wenn Sie daher Kieselgur anwenden, tragen Sie bitte stets eine Staubschutzmaske!

Biologisches Bekämpfungsmittel: Versprühen Sie den Bakterienstamm *Bacillus thuringiensus*, der unter dem Handelsnamen Dipel® vertrieben wird, oder setzen Sie nützliche Fadenwürmer ein, um auf Raupen im Larvenstadium Jagd zu machen.

Anhang 2

Bodendüngung im nachhaltigen Gartenbau: Ein sehr kurzer Überblick

Es kommt nur selten vor, dass man einen völlig gesunden Boden vorfindet, wenn man seinen ersten Garten bestellt. Um Probleme mit Nährstoffmangel zu vermeiden und den Ernteertrag zu maximieren, müssen Sie Zusätze oder Dünger verwenden, die die Fruchtbarkeit Ihres Bodens erhöhen. Eine Bodenanalyse wird Ihnen Aufschluss darüber geben, welche Mittel und Mengen bei Ihnen angebracht sind. Normalerweise gehen die Empfehlungen im ersten Anbaujahr auf einen starken, aber ausgewogenen Grundstock an Bodendüngern. Um in den Folgejahren ein optimales Fruchtbarkeitslevel zu erhalten, werden die Empfehlungen wahrscheinlich schrittweise weniger Dünger vorsehen.

Sie brauchen die wichtigsten Nährstoffe Stickstoff, Phosphor, Kalium sowie das richtige Kalzium-Magnesium-Verhältnis. Außerdem müssen Mikronährstoffe vorhanden sein. Sie sind ebenso unverzichtbar, aber in kleineren Mengen. Zu den Spurenelementen zählen Eisen, Natrium, Bor, Mangan, Molybdän, Schwefel, Zink, Selen, Chlor, Kupfer und Jod. Darüber hinaus sollten Sie auch noch eine hinreichende Bodenbiologie und hinlänglich organisches Material in Ihrem Boden haben. Wählen Sie zur Analyse Ihres Bodens eine Firma, die sich auf nachhaltigen Gartenbau spezialisiert hat, um zu erfahren, wie viel Sie brauchen, und um kostspielige Missgriffe zu vermeiden.

Das Ziel

Gärtner, die nachhaltig und ökologisch anbauen, möchten einen gesunden, ausgewogenen Boden aufbauen. Ihr Ziel ist es, den Boden kontinuierlich zu nähren und aufzufrischen, statt ihn auszuzehren. Das Augenmerk liegt hier darauf, den Boden zu verwalten, daher vermeidet man im nachhaltigen Anbau den Gebrauch von Kunstdünger. Stattdessen verteilt man Düngemittel, die ein vielfältiges, nützliches Nahrungsnetz im Boden, einen hohen Gehalt an organischem Material und eine wünschenswerte Bodengare und -struktur fördern. Man greift zu Methoden und Materialien, die den Boden nicht nur mit den wichtigsten Nährstoffen, sondern auch mit einem ausgewogenen Verhältnis an Spurenelementen versorgen. Das Ziel ist es, einen Boden aufzubauen, der die Gesundheit der Pflanzen und die langfristige Produktivität maximiert, nicht nur den kurzfristigen Ertrag.

Kunstdünger: Die Auswirkungen

Handelsüblicher Dünger nährt weder den Boden noch baut er organisches Material auf oder fördert eine optimale Bodenstruktur. Stattdessen zwangsernährt er gewöhnlich die Pflanze, reduziert das nützliche Nahrungsnetz und das organische Material im Boden, lässt die Bodenstruktur auseinanderbrechen und führt zu ungewollter Übersäuerung und Salzbildung. Kunstdünger ist wasserlöslich und kann die Umwelt schädigen, wenn er ins Grundwasser sickert oder in Seen und Flüsse gelangt.

Konventioneller Dünger liefert lediglich Makronährstoffe, also Stickstoff, Phosphor und Kalium, im Agrar-Steno auch NPK genannt. Nutzpflanzen brauchen Mikronährstoffe, um einen maximalen Ertrag, Gesundheit, Geschmack und Schädlings- und Krankheitsresistenz zu erreichen. Wenn die Nutzplanzen die ursprünglichen Spurenelemente und das organische Material im Boden aufgebraucht haben, liefern NPK-Dünger dafür keinen Ersatz. Durch den daraus entstehenden mineralischen und biologischen Mangel werden die Pflanzen anfällig für

Krankheiten und Schädlingsbefall. Als Folge kommen dann Rettungsmaßnahmen mit schädlichen Stoffen zum Einsatz.

Nachhaltiger Dünger / Bio-Dünger: Die Auswirkungen

Im Gegensatz dazu zielt nachhaltiger Dünger darauf ab, das biologische Leben im Boden zu nähren. Der Einsatz von Giften und die Verschmutzung des umgebenden Ökosystems werden so vermieden. Durch die vollständige Versorgung mit Mineralien und organischem Material wird ein gesunder Boden aufgebaut. Auf gesundem Boden wachsen gesunde Pflanzen, die frei von Mängeln, Schädlingen und Krankheiten sind und eine hohe Toleranz gegenüber Trockenheit, Hitze und Kälte aufweisen.

Gesunder Boden wird erhalten, indem man organisches Material (etwa Dung, Kompost und Kompostbrühe), nützliche biologische Zusätze und nachhaltige oder biozertifizierte Dünger zuführt. Ein Bodenanalyse-Labor gibt Auskunft über die passende Düngungsstrategie und die Dosierung oder das Verteilungsverhältnis pro Landfläche. Biodünger kann anfangs teurer sein als Kunstdünger, aber er verbleibt länger im Boden. Außerdem enthält er ein breites Spektrum an Spurenelementen, so dass man nicht zahlreiche unterschiedliche Zusätze kaufen und verteilen muss.

NPK-Quellen, die verträglich mit der Bodenbiologie sind (und auch Mikronährstoffe enthalten):

Stickstoffquellen (N) sind unter anderem Blutmehl, Fischmehl, Fischemulsion, Fischhydrolysat, Federmehl, Luzernemehl, Bio-Sojamehl und Bio-Baumwollsamenmehl.

Phosporquellen (P) sind unter anderem Kalziumphosphat, kolloidales Kalziumphosphat, Fischgrätenmehl und Knochenmehl.

Kaliumquellen (K) sind unter anderem Grünsand, Sul-Po-Mag, Kelp, Granitstaub, Holzasche und Kaliumsulfat.

pH-Anpassung; Ca/Mg-Quellen

Achten Sie auf die Empfehlungen für gemahlenen Kalkstein (Kalk). Er ist als kalziumreicher Kalk mit weniger Magnesiumgehalt und als Dolomitkalk mit einem höheren Magnesiumgehalt erhältlich.

Anwendung

Bringen Sie die empfohlenen Dünger vor dem Pflanzen in den Boden ein. Düngen Sie zusätzlich nach Bedarf auch in der Zwischensaison entlang der Pflanzen (sogenannte Seitendüngung auf dem Boden) oder indem Sie Flüssignährstoffe auf die Pflanzenblätter sprühen (auch Blattdüngung genannt).

Anhang 3

Das Energiereinigungsritual – Zusammenfassung

Visualisieren Sie intensiv jeden Schritt:

1. Erzeugen Sie ein energetisches Bild eines riesigen Filtertuchs aus Christus-Energien. Breiten Sie es unter dem betreffenden Transportmittel, der Stelle oder dem Land aus.
2. Bekunden Sie Ihre Absicht, die Negativität mit diesem Filtertuch herauszufiltern.
3. Stellen Sie sich vor, wie Sie (und vielleicht weitere Personen) dieses Filtertuch durch den Bereich nach oben ziehen und dabei die negativen Überreste im Tuch auffangen.
4. Wenn Sie das Tuch über den Gegenstand oder das Land gehoben haben, stellen Sie sich intensiv vor, wie Sie die Ecken zusammenführen. Umhüllen Sie mit dem Tuch fest die Negativität, die Sie damit gesammelt haben. Händigen Sie dieses Behältnis nun der höheren Macht aus, um es umzuwandeln.
5. Drücken Sie Dankbarkeit aus.
6. Segnen Sie den gereinigten Bereich.
7. Bitten Sie die Naturgeister, positive, ausgewogene Energien zur Wiederherstellung zu verströmen.

Anhang 4

Ernten: Rede, bevor du rupfst!

Blatt- und Blütenpflanzen
Bitten Sie darum, in eine bewusste Verbindung mit einer bestimmten Pflanzenart zu treten. Sagen Sie der Pflanze, was Sie gleich tun werden – und warum.

Beispiel: "Brokkoli in dieser Reihe, ich würde gerne mit dir sprechen. Ich bin jetzt bereit, dich zu ernten. Ich danke dir, dass du hier wächst. Darf ich bitte deine reifenden Blütenköpfe zum Essen haben?" Geben Sie der Pflanze nun Zeit zu antworten, während Sie Ihre Gedanken zur Ruhe bringen. Warten Sie einige Minuten, bis Sie eine Antwort fühlen. Dann sprechen Sie weiter: "Ich danke dir, dass du uns, die dich essen, deine Energien schenkst. Wir wissen dich und dein Geschenk zu schätzen. Wir werden dich mit Freude essen." Dann trennen Sie die Verbindung.

Wurzelpflanzen
Geben Sie die folgende Erklärung ab, bevor Sie Möhren, Radieschen, Kartoffeln, Rote Bete, Pastinaken und anderes Wurzelgemüse ernten: "Bolero-Möhren (oder die entsprechende Sorte), bitte sammelt und stabilisiert eure Energien in euren Wurzeln, damit ich diese Reihe jetzt ernten kann."

Stiel-, Rank- und Strunkgewächse

Dazu gehören Pflanzen wie Salat, Kohl, Erbsen, Schnittblumen und Kohlrabi. Bitten Sie darum, in Kontakt mit dem entsprechenden Deva zu treten. Erklären Sie: "Ich bin jetzt bereit, alle eure Überreste zu entfernen und alles aufzuräumen, zu zerkleinern und einzuarbeiten. Bitte senkt eure Energie in den Boden ab, bevor ich die Strünke und Wurzeln entferne. Wie viele Tage braucht ihr dafür?"

Beenden Sie die Kommunikation, und geben Sie den Pflanzen Zeit, um entsprechend zu handeln. Je länger die Pflanzen schon dort stehen, umso länger müssen Sie womöglich warten (eventuell drei Wochen). Nach einem tödlichen Frost warten Sie einen Tag. Schwarz gewordene Pflanzen können sofort entfernt werden.

Wenn Sie die Pflanzen essen und die lebendige Energie empfangen, die Sie liebevoll bewahrt haben, danken Sie ihnen!

Danksagung

Was braucht es, um ein Buch wie dieses zu verwirklichen? Ganz sicher meine großzügigen Eltern Jack und Betty mit ihrer Begeisterung für die Natur und ihr Vertrauen, mich in den Wäldern herumspazieren zu lassen. Es brauchte die Drs. Mary Jane Dockeray, William B. Stapp und Ronald O. Kapp in meinem Leben, die meine Liebe zur Natur und mein Wissen über Naturgeschichte und Ökologie vertieften. Es brauchte Experten wie Jean Bochenek und Wendy Anderson, die mir alles über Gartenbau in Alaska beibrachten.

Es brauchte Pioniere in Sachen Spiritualität, die neue Dimensionen erforschten und dann darüber schrieben und ein Beispiel setzten. Für mich waren das Beatrice Lydecker, Eileen und Peter Caddy, R. Ogilvie Crombie, Dorothy Maclean, Machaelle Small Wright, Michael Roads und Penelope Smith. Sie schenkten mir flüchtige Einblicke in Welten, von deren Existenz ich nichts gewusst, aber nach denen mein Herz sich immer gesehnt hatte.

Es brauchte dich, Fay Wilder (ein Pseudonym), die mir die Erforschung dieser Welten ermöglichte. Ohne deine getreue Unterstützung in meinen spirituellen Gesprächen, deine Moral, deine finanzielle Unterstützung zur Verwirklichung dieses Buches und deine erste Textbearbeitung gäbe es dieses Buch nicht.

Es brauchte eine Gang ungebärdiger Engel, die mich anspornten, meine Erfahrungen in einem Buch festzuhalten. Zu dieser riesigen Truppe gehören Jean King, Andrea Voogt, Sandra Kluth, Bob und Dorothy Jones, Mia Oxley, Jim Swarts, Ellen Solart, Annie Nolting,

Jane Bell, Irene Nilson, Wendy Anderson, meine Mutter Betty Vande Visse und all die anderen, die mich immer wieder ermutigten und konstruktive Kritik für mein Manuskript beisteuerten.

Janice Schofield Eaton, es brauchte Ihre fantasievolle "Schreibe", die meine nüchterne Berichterstattung in einnehmende Geschichten verwandelte. Alys Culhane, es brauchte Ihre lange Erfahrung, die mich durch die Feinschliff- und Monierphase brachte.

Michael Hawkins, Herausgeber von *Findhorn Press*, es brauchte Ihr freundliches und weises Jäten und Säen, durch das das Manuskript erst sein ganzes Potenzial entfalten konnte.

An alle diese ungebärdigen Engel auf Erden – ich danke euch herzlich für euren unerschütterlichen Glauben an mich und für eure phantastische Hilfe und Liebe. Ich bin euch für immer dankbar und wünsche euch das größte Glück.

Und schließlich brauchte es jene bereitwilligen Botschafter, die Devas und Naturgeister selbst.

Ich danke allen unsichtbaren Lehrern in der Geistwelt (mit besonderer Zuneigung zu Charlie und Robert). Ich hoffe, dass ich weiterhin euren Rat erhalten werde und als würdige Sprecherin der grenzenlosen Liebe und Intelligenz der Natur dienen kann. Und mögen unser menschliches Mitgefühl und unser Bewusstsein schnell erwachen, auf dass wir Hand in Hand mit euch eine harmonische, neue Welt erschaffen.

Literaturverzeichnis

Andersen, Arden, Ph.D.: *Science in Agriculture*. Acres USA 2000, *The Anatomy of Life and Energy in Agriculture*. Acres USA 2004.

Altman, Nathaniel: *Der Zauberkreis der Devas*. Ludwig 1997.

Boone, J. Allen: *Die große Gemeinschaft der Schöpfung: Gespräche zwischen Mensch und Tier*. Constans im Reichel Verlag 2009. *Adventures in Kinship with All Life*. Tree of Life Publications 1990.

Buhner, Stephen Harrod: *Sacred Plant Medicine, the Wisdom in Native American Herbalism*. Bear & Co. 1996.

Caddy, Eileen: *The Spirit of Findhorn*. Findhorn Press 1994.

Cowan, Eliot: *Pflanzengeist-Medizin*. Binkey Kok 2010.

The Findhorn Community: *The Findhorn Garden Story*. Findhorn Press 2008.

Hawken, Paul: *Der Zauber von Findhorn*. Rowohlt 1999.

Helliwell, Tanis: *Elfensommer: Meine Begegnung mit den Naturgeistern*. Neue Erde 1999.

Hodson, Geoffrey: *Kingdom of the Gods*. Theosophical Publishing House 1987.

Ingham, Dr. Elaine: *Compost Tea Manual*. 5th ed. Sustainable Studies Institute in cooperation with Soil Foodweb, Inc. 2005.

Jeavons, John: *How to Grow More Vegetables*. Ten Speed Press 2005.

Kelly, Penny: *The Elves of Lily Hill Farm*. Llewellyn Worldwide 1997.

Loehr, Franklin Rev.: *The Power of Prayer on Plants.* Signet 1959.

Lowenfels, Jeff and Wayne Lewis: *Teaming with Microbes.* Timber Press 2006.

Lydecker, Beatrice: *What the Animals Tell Me.* Signet 1977. *Stories the Animals Tell Me.* Harper and Row 1979.

Maclean, Dorothy: *Du kannst mit Engeln sprechen.* Aquamarin 2005. *Du kannst mit Engeln sprechen 2.* Aquamarin 2006.

Nearing, Helen and Scott: *Ein gutes Leben leben.* Rowohlt 1997.

Perkins, John: *Pyschonavigation: Techniques for Travel Beyond Time.* Destiny Books 1990. *Und der Traum wird Welt.* Integral 1997.

Pogacnik, Marko: *Elementarwesen: Begegnungen mit der Erdseele.* AT Verlag 2007.

Roads, Michael J.: *Mit der Natur reden.* Integral 2003. *Im Reich des Pan – Reisen ins Herz der Natur.* Schirner 2008. *Durch die Sphären des Zeitlosen.* Schirner 2008.

Schul, Bill: *Wunderbare Tier- und Pflanzengeheimnisse.* Ansata 1995.

Smith, Penelope: *Gespräche mit Tieren.* Reichel 2008. *Animals: Our Return to Wholeness.* Pegasus Publications 1993.

Tompkins, Peter & Christopher Bird: *Das geheime Leben der Pflanzen.* Fischer 1977. *Die Geheimnisse der guten Erde.* Omega 2000.

Tompkins, Peter: *Das geheime Leben der Natur.* Ansata 1998.

van Lippe-Biesterfeld, Irene: *Gespräch mit der Natur.* Hugendubel 2000.

Williams, Marta: *Lautlose Sprache: Intuitive Kommunikation mit Tieren und der Natur.* Reichel 2005.

Wright, Machaelle Small: *Behaving as if the God in All Things Mattered.* Perelandra Ltd 1983. *The Perelandra Garden Workbook.* Perelandra Ltd 1993. *The Perelandra Garden Workbook II.* Perelandra Ltd 1990.

Young-Sowers, Meredith: *Agartha, a Journey to the Stars.* Stillpoint Publishing 1995.

Über die Autorin

Seit 1987 kommuniziert Ellen Vande Visse mit Devas und Naturgeistern. Dank dieser Fähigkeit kann Ellen auch mit dem sogenannten Ungeziefer wie Maden, Larven und Schnecken sprechen. In ihren Gesprächen mit den Naturgeistern erhält sie Ratschläge zum optimalen Anbau von Blumen, Kräutern und Gemüse. Und dank der Kommunikation mit dem "Ungeziefer" können Ellen und ihre Pflanzen mit den „Plagegeistern" in Harmonie leben. So wachsen ihre Pflanzen prächtig, ihr Kompost entwickelt sich ideal und sie kann daraus hochwertigen Dünger herstellen. Ihre Gärten gedeihen im Einklang mit der Natur und deren Geistern perfekt.

Ellen hält regelmäßig Vorträge zu Gartenbauthemen und leitet Seminare über biologischen Gartenbau an Colleges, Universitäten und an ihrer eigenen Good Earth Garden School.

Good Earth Garden School
www.goodearthgardenschool.com
E-Mail: eco_ag@goodearthgardenschool.com

152 Seiten, broschiert
ISBN 978-3-89845-256-4
€ [D] 14.90

Helmut Hüsgen
Visionen für eine naturgemäße Zukunft
Modelle für eine praktische Umsetzung

Helmut Hüsgen überträgt hier seine Erkenntnisse aus dem Kleingartenbereich auf die Erde und den Kosmos. Das engagierte Buch eines ruhelosen Vorkämpfers für eine natürlichere Welt und eine bessere Zukunft, für ein transmaterielles Zeitalter, in dem Leben wieder als Ganzes von sich immer wieder selbst erneuernden Kreisläufen zu verstehen ist.

128 Seiten, broschiert
ISBN 978-3-89845-160-4
€ [D] 14.90

Dr. Annette Bauer & Dr. Helmut Hüsgen
Grünes Gold
Wege zum Garten Eden

Seit Mitte der siebziger Jahre beginnt angesichts einer bewusst oder unbewusst durch Konsum manipulierten Gesellschaft die Phase der Rückbesinnung auf das Ideal der Selbstversorgung – und heute besitzt jeder zweite Haushalt in Deutschland einen Garten. Gerade für diesen Leserkreis ist dieses intelligente und wenig klassische Gartenbuch geschrieben, denn es verbindet ein praktisches Gartenverständnis mit einem ökologisch wohltemperierten Informationshintergrund.

212 Seiten, broschiert
ISBN 978-3-937464-10-7
€ [D] 9.90

Marina Marinova
Magie und Heilkraft der Kräuter
Das alte Wissen der bulgarischen Heiler neu entdeckt

Viele Kräuterkundige kennen die Pflanzen von außen und wissen etwas über ihre Anwendung zu berichten. Doch Marina Marinova hat die Gabe, unter die Oberfläche der materiellen Welt zu blicken und die verborgenen Kräfte der Pflanzen beim Namen nennen zu können. An ihrem umfangreichen Wissen über die Heilmethoden mit Kräutern lässt sie uns in diesem Buch in anschaulicher Weise teilhaben. Den Kern des Buches bilden die zahlreichen, leicht selbst herzustellenden Rezepturen für nahezu alle bekannten Krankheitsbilder.

120 Seiten, broschiert
ISBN 978-3-937464-13-8
€ [D] 12,90

Georg Marutschke
Oma Günzels Wildkräuterfibel
Die Wiederentdeckung vergessener Helfer

Ein kulinarischer Streifzug durch unsere heimischen Wiesen und Wälder und ein unverzichtbares Buch für alle, die weg von Tabletten und sich wieder auf die Natur und Ursprünglichkeit besinnen wollen. Der Autor verrät schmackhafte Rezeptideen, Methoden der Kosmetikherstellung mit Wildkräutern sowie erstaunlich einfache Erste-Hilfe-Maßnahmen. Alle stammen aus dem Nachlass der Großmutter des Autors, einer Heilerin, sind langjährig erprobt, helfen ohne Nebenwirkungen und kosten so gut wie nichts.

248 Seiten, broschiert
ISBN 978-3-89845-244-1
€ [D] 18,90

Dr. med. Joël Spiroux
Wenn Umwelt krank macht
Fakten und Lösungen

Der Arzt Dr. Joël Spiroux wird täglich mit pathologischen Krankheitserscheinungen konfrontiert, die aus einer immer mehr mit Schadstoffen belasteten Umwelt resultieren. In diesem informativen und gut dokumentierten Buch geht er der Frage nach, warum es zu immer mehr Allergien, häufigeren Krebserkrankungen oder hormonalen Störungen kommt. Er will aufrütteln, aber nicht anklagen, denn für diesen Arzt, der Mensch und Umwelt gleichermaßen liebt, gibt es nur ein Ziel: in einem feindlichen Umfeld gesund bleiben!

192 Seiten, durchgehend
4-farbig, gebunden
ISBN 978-3-89845-197-0
€ [D] 29,90

Olivia Moogk
Feng-Shui & Naturmedizin
8 Faktoren für Ihre Gesundheit

Die Autorin zeigt auf, wie man mit Qi umgeht, Stress abbaut, das Immunsystem stärkt, geistigen und körperlichen Ballast abwirft, Krankheiten heilt, die Regeneration fördert und schließlich ein »Better-Aging« betreibt. Die Methoden hierzu kommen gleichermaßen aus dem Bereich des Feng-Shui wie aus der Naturmedizin selbst. Schritt für Schritt wird der Leser neue Möglichkeiten entdecken, sich eines besseren und gesünderen Lebens zu erfreuen ...

160 Seiten, Klappenbr.
ISBN 978-3-89845-312-7
€ [D] 14,90

Larry A. Smith
MMS – Der natürliche Viruskiller

MMS steht für Miracle Mineral Solution, wunderbare Minerallösung – und der Name scheint Programm zu sein: Mehr als 75.000 Fälle von Malaria konnten erfolgreich behandelt werden, mehrere Aids-Patienten und zahlreiche Fälle von Hepatitis C, Tuberkulose bis hin zu Erkältungen – ohne Nebenwirkungen.
Kein Buch über ein Wunder, sondern über eine wundervolle Minerallösung – über MMS: die Hoffnung für ein gesundes Leben im 21. Jahrhundert.

136 Seiten, Klappenbr.
mit Abbildungen
ISBN 978-3-89845-245-8
€ [D] 9,90

Gudrun Weerasinghe
Tierkommunikation – so einfach
Anleitungsbuch zum Erlernen der mentalen Kommunikation mit Tieren

Anhand interessanter Beispiele wird aufgezeigt, wie Sie mit Ihren Tieren eine Verständigungsebene aufbauen können. Schrittweise erläutert die Autorin die »Sprache« der Tiere – eine einfache Kombination aus Visualisation, Konzentration und Gefühl, die ausnahmslos jeder erlernen kann, der bereit ist, Tieren auf Augenhöhe zu begegnen.

47 Herzkarten in Box
EAN 4260075280035
€ [D] 13,90

Claudia Knüppel
Elfen öffnen Herzen

Farbenfroh ist der Zauberwald, in den uns die Künstlerin Claudia Knüppel einlädt, und es wimmelt hier von Naturgeistern, die uns geheimnisvoll, anmutig oder auch frech aus dem schillernden Reich der Fantasie zuwinken. Wunderbar dargestellte Geistwesen, die tiefempfundene Botschaften aussenden als Rat, als Trost oder als Hoffnung für all die, die den Glauben an und den Kontakt zu den lichten Welten des wenig Sichtbaren nicht verloren haben.

256 Seiten, broschiert
ISBN 978-3-89845-325-7
€ [D] 14.90

Gabriele Weck

Entdecke den Engel in dir

Dieses außergewöhnliche und spannende Engelbuch zeigt, wie einfach es sein kann, die Leichtigkeit in sich selbst wiederzufinden. Eigentlich existieren viele Probleme nur, weil man sich nicht vorstellen kann, dass es eine simple Lösung gibt.
Mit vielen Praxisbeispielen, Erfahrungsberichten und Übungen führt dieses Buch dich dahin, Leichtigkeit und Schwung zu tanken und darüber zu staunen, wie einfach und schön das Leben sein kann, wenn man wieder an sich selbst und an seine Impulse glaubt. Der Engel in dir führt dich sicher wie ein Navigationssystem, so dass du deinen eigenen Weg zur Verwirklichung deiner Wünsche findest.

232 Seiten, Klappenbr.
ISBN 978-3-89845-288-5
€ [D] 14.90

Eileen Caddy & David Earl Platts

Die Tore zur Liebe öffnen
Ein Findhorn-Buch

Können wir lernen zu lieben? Oder müssen wir nur warten – und es geschieht von selbst?
Wir alle sind mit der Fähigkeit geboren, uns selbst und andere zu lieben. Schmerzvolle Erfahrungen haben jedoch dafür gesorgt, dass viele von uns innere Schutzwälle errichtet und Verhaltensweisen entwickelt haben, um diese inneren Barrieren aufrechtzuerhalten. Die wichtigste Lektion im Leben ist es daher, wieder lieben zu lernen ...

240 Seiten, Klappenbr.
ISBN 978-3-89845-336-3
€ [D] 14.90

Carly Newfeld

Der inneren Führung vertrauen
Botschaften aus Findhorn

Dieses Buch erkundet die vielen Möglichkeiten, die uns offenstehen, um spirituelle Führung zu erhalten, auf unsere Intuition zu hören und beiden achtsam und offen zu folgen. In wunderbaren Geschichten und spritzigen Dialogen beschreibt Carly Newfeld Menschen, für die innere Führung und Intuition selbstverständlich sind. Die Autorin nimmt uns mit zu sich nach Hause und auf Abenteuer, die uns zeigen, welche vielfältigen Formen innere Führung annehmen kann.

Weiterführende Informationen zu
Büchern, Autoren und den Aktivitäten
des Silberschnur Verlages erhalten Sie unter:
www.silberschnur.de

Sie können uns alternativ
die beiliegende *Postkarte* zusenden.

Ihr Interesse wird belohnt!